책세상문고 · 고전의 세계

정치경제학과
과세의 원리에 대하여

ON THE PRINCIPLES OF
POLITICAL ECONOMY AND TAXATION

책세상문고·고전의 세계

정치경제학과
과세의 원리에 대하여

On The Principles of
Political Economy and Taxation

데이비드 리카도 지음

·

권기철 옮김

책세상

일러두기

1. 이 책은 데이비드 리카도David Ricardo의 《정치경제학과 과세의 원리에 대하여*On The Principles of Political Economy and Taxation*》 중 7개 장(ch. 1~2, ch. 4~8)을 뽑아 옮긴 것이다. 번역 대본으로는 피에로 스라파Piero Sraffa가 편집한 *On The Principles of Political Economy and Taxation*(vol. I of *The Works and Correspondence of David Ricardo*, Cambridge : the University Press, 1970)을 사용했다.

2. 편집자 스라파의 주와 옮긴이의 주는 구별되도록 표시했으며 그 밖에는 모두 글쓴이의 주이다.

3. 〔 〕안의 말은 이해를 돕기 위해 옮긴이가 첨가한 것이다.

4. 본문에 나오는 표의 경우 독자의 이해를 위해 옮긴이가 표의 형식을 바꾸었다. 단 표의 내용은 원문과 동일하다.

5. 주요 인명과 책명은 처음 한 번에 한해 원어를 병기했다.

6. 단행본과 잡지는 《 》로, 논문은 〈 〉로 표시했다.

정치경제학과 과세의 원리에 대하여 | 차례

들어가는 말 | 권기철 7

서문 15

제1장 가치에 대하여 21

제2장 지대에 대하여 71

제4장 자연 가격 및 시장 가격에 대하여 93

제5장 임금에 대하여 101

제6장 이윤에 대하여 123

제7장 외국무역에 대하여 149

제8장 조세에 대하여 181

해제 — 분배의 원리가 중심이 되는 정치경제학을 위하여 | 권기철 191

    1. 리카도의 생애 193

    2. 리카도의 경제사상 196

      (1) 지금 논쟁과 경제 모델 196
      (2) 곡물법 논쟁과 이윤 이론 198
      (3) 《곡물의 저가격이 자재의 이윤에 미치는 영향에 대한 논고》에서
         《정치경제학과 과세의 원리에 대하여》로 204

    3. 《정치경제학과 과세의 원리에 대하여》의 가치론, 분배 이론,
      비교 우위 이론 208

      (1) 가치론 208
      (2) 분배 이론 214
      (3) 비교 우위 이론 218

4. 리카도에 대한 평가 220

주 227
더 읽어야 할 자료들 244
옮긴이에 대하여 248

1815년 3월, 영국 의회에서 치열한 논쟁 끝에 곡물 수입을 제한하는 곡물법이 통과되었다. 이 논쟁에 참여해 곡물 수입의 자유화를 주장한 리카도는 정치적으로는 패배했지만, 그에 즈음해 출간한 팸플릿1 《곡물의 저가격이 자재의 이윤에 미치는 영향에 대한 논고Essay on the Influence of a Low Price of Corn on the Profits of Stock》(이하 《이윤론》)로 이론가로서는 큰 성공을 거두었다. 당시에 맬서스Thomas R. Malthus 등 다른 경제학자들도 같은 주제를 다룬 팸플릿을 출간했지만, 리카도의 것만이 이론적 완결성을 갖추고 있었다.

리카도의 재능을 알아보고 그의 경제학 탐구 작업을 항상 격려해주던 제임스 밀James Mill은 리카도에게 《이윤론》의 확장판을 내라고 권했다. 밀은 리카도에게 이렇게 말한다. "당신은 이미 정치경제학에 관한 최고의 사상가이기 때문에, 나는 당신이 최고의 저술가도 될 수 있으리라고 확신합니다."

이에 리카도는 "나는 그 일이 나의 능력을 넘어서는 것이 아닐까 걱정됩니다"(1815년 10월)라고 말할 정도로 망설이지만, 밀의 거듭된 재촉으로 자신이 "애덤 스미스, 맬서스 등의 대가들"과 견해를 달리하는 주제, 즉 "지대, 이윤 및 임금의 원리"라는 주제에 "모든 재능을 쏟기로" 결심했음을 주변에 알리게 된다(1815년 10월 말).

그러나 자신의 생각을 정리해 사람들을 설득할 수 있는 형태로 만들어내는 일은 쉬운 것이 아니었다. 리카도는 자주 이론적 난관에 부딪혔다. "나는 계속 사색을 즐기면서 지내기는 하겠지만, 앞으로 더 나아가게 될 것이라고는 생각하지 않습니다. 거의 극복하기 어려운 장애들이 나의 진행을 가로막고 있으며, 또 가장 단순한 서술에서 혼란을 벗어나는 데도 매우 큰 어려움을 겪고 있습니다"(1816년 4월). 그뿐만 아니라 리카도는 문장을 다듬는 데도 어려움을 느꼈던 것 같다. "나는 어려운 작문법 때문에 진척을 보지 못하고 있습니다"(1816년 2월). 책이 거의 완성되어가는 중에도 리카도는 자신의 능력에 대해 끊임없이 회의했다. "나는 출판할 가치가 있는 것을 만들어냈으면 하고 갈망하지만, 솔직하게 말해서 그것이 나의 능력을 벗어나는 일이 아닐지 두렵습니다"(1816년 11월).

《정치경제학과 과세의 원리에 대하여》는 이렇게 어려운 과정을 거쳐 1817년 4월에 마침내 세상에 선을 보이게 된다. 애덤 스미스Adam Smith의 《국부론An Inquiry into the Nature and

Causes of the Wealth of Nations》이 출간된 지 40여 년 만에 그에 필적하는 새로운 경제학 체계가 탄생하는 순간이었다.

1776년에 출간된 애덤 스미스의 《국부론》은 그 이전 150여 년 동안 유럽에서 되풀이되어온 질문, '한 나라는 어떻게 하면 부강해질 수 있고, 그 국민들은 편안하고 행복하게 살 수 있을까?'에 대한 대답이었다. 애덤 스미스는《국부론》의 서문을 "한 국민의 연간 노동은 그 국민이 연간 소비하는 생활필수품과 편의품 모두를 공급하는 원천"이라는 말로 시작했다. 그리고 "노동의 숙련·기교·판단 및 노동자 수가 그 생산물을 규정"하며, 노동자 수는 자본의 양에 비례한다고 말했다.《국부론》은 이처럼 국가의 부의 본질과 원인을 찾고자 했으며, 스미스는 노동 자체와 노동생산성을 결정하는 요인이 바로 그러한 것들이라고 생각했다.

이후 40여 년이 흐르는 동안 부의 본질과 원인에 대한 탐구는 여전히 계속되고 있었지만, 이보다 더 시급한 주제가 현실 정치, 철학적 탐구, 경제적 분석의 대상으로 떠올랐다. 바로 분배 문제였다.《국부론》이 나오기 직전부터 시작된 산업혁명은 비약적인 생산력 증대를 가져왔지만, 노동자를 포함한 빈곤 계층의 생활수준을 그만큼 높여주지는 못했다. 19세기 전반기 내내 이어진 영국에서의 폭동과 반란은 그것을 웅변해준다. 곡물 수입 자유화를 둘러싼 지주 계급과 산업자본가 계급 간의 갈등은 농업 잉여를 누가 차지할 것인가를 두고 일어난 투쟁이나 다름없었다. 분배 문제가 여러 차원에서 당시 영국 사회의 지배적인 이슈가 되고 있었다.

때는 무르익었고, 리카도가 무대에 등장했다. 리카도는 《정치경제학과 과세의 원리에 대하여》의 서문을 이렇게 시작한다. "땅의 생산물……은 사회의 세 계급, 즉 토지 소유자, 토지 경작에 필요한 자재 또는 자본의 소유자, 자신의 근로로 토지를 경작하는 노동자들 사이에 분배된다." 이어서 그는 "이 분배를 규제하는 법칙을 결정하는 것은 정치경제학의 기본 문제이다"라고 말한다. 리카도는 분배를 이론 체계의 중심에 두었다. 애덤 스미스는 지대와 이윤, 임금 등 개별 분배분의 결정 요인에 대해 탐구했을 뿐 그것들 사이의 관계는 제대로 파악하지 못했다. 리카도는 이 세 분배분이 서로 어떤 관계에 있고, 경제 발전 과정에서 그 관계가 어떻게 변화하는가를 고찰했다.

리카도의 책은 출간되자마자 영향력을 발휘하기 시작했다. 이후 50년 이상 리카도는 영국의 경제적 사고를 지배했다. 주요한 잡지는 물론이고 대영백과사전까지 그의 제자들 손에 들어갔다. 대중을 대상으로 한 책들도 리카도의 사상을 바탕에 깔고 있었고, 1815년에 리카도에게 정치적 패배를 안겨준 의회는 결국 리카도의 정책 제안—곡물 무역 자유화—에 굴복했다. 리카도의 이론과 사상이 호소력을 띨 수 있었던 큰 이유 중의 하나는, 그가 몇 안 되는 전략 변수들로 구성된 단순한 분석 모델로써 여러 가지 중요한 문제들을 파악하고, 몇 가지 초보적인 조작을 거쳐 아주 실용적인 결론을 도출했다는 데 있었다.

당대의 시대적 과제를 목도하고, 그것을 해결하기 위해 새로운 체계를 구축하고 구체적 정책을 제안하는 것, 이것은 소수의 위대한 경제학자들에게 주어진 특별한 재능이었다. 애덤 스미스, 데이비드 리카도, 카를 마르크스Karl Marx, 앨프리드 마셜Alfred Marshall, 존 케인스John M. Keynes가 그들이다. 그러나 '특별한 재능'이 없더라도, '새로운 체계'를 세우지 못하더라도, 당대의 시급한 과제에 대한 해결책을 모색하는 것은 사회의 발전에 관심 있는 모든 사람들의 임무일 것이다.

2000년대에 들어와서 분배 문제가 다시 경제학의 관심사로 떠오르고 있다. 그것은 신자유주의가 경제정책의 중심 사조로 떠오른 데 따른 당연한 귀결이다. 1980년대 이후 세계적으로 신자유주의가 득세하면서 주요 선진국들에서 소득 분배보다는 성장에 중점을 두는 정책 기조가 대세를 이루기 시작했다. 한국에서는 1997년 외환 위기를 기회로 신자유주의적 경제 시스템이 자리를 잡았다. 그러나 신자유주의의 성장중심주의는 실패한 모델로 드러나고 있다. 청년 실업과 비정규직 확산으로 인한 사회적 양극화의 심화, 지역 간 불균형의 심화는 신자유주의가 낳은 병폐이다. 이제 우리는 그것이 한국 사회에 장기적으로 어떤 영향을 줄 것인지 두려움을 갖고 주시하고 있다. 지금 심화되고 있는 저출산 문제도 신자유주의의 영향의 일부라고 해야 할 것이며, 빈곤 확산, 계층·지역 간 분열, 사회적 불안정의 심화는 불을 보듯 뻔한 귀결이다. 최근의 흉악 범죄 만연은 그 전조일지도 모른다. 한국 사회가 이 위기를 벗어나려면, 성장을 지상 최대 과제로 여기고 여타 가치는 부수적인 것으로 취급하는 사고를 탈피하지 않으면 안 될 것이다. 이런 점에서, 분배를 이론 체계의 중심에 두고 분배와 경제 발전의 관계를 탐구하는 리카도의 분석 틀은 심각한 분배 문제를 안고 있는 세계 경제와 한국 경제에 큰 시사점을 던져준다고 할 것이다.

본 번역에 대해 몇 가지 언급해두고자 한다. 본 번역은 스라파가 43년(1930~1973)이라는 장구한 세월을 바쳐 편찬한 《리카도 저작 및 서한집 The Works and Correspondence of David Ricardo》(전11권. 이하 《전집》)의 첫째 권인 《정치경제학과 과세의 원리에 대하여》의 부분 번역이다. 이 《전집》은 지금까지 발견된 리카도의 거의 모든 저술과 서한들을 포괄하는 것이다. 《정치경제학과 과세의 원리에 대하여》의 경우 세밀한 편집자 주석과 판본 간 대조로 거의 완벽하게 편찬되어 있어서, 이를 통해 리카도 경제 사상의 변천 과정까지 살펴볼 수 있다. 한국에서 《정치경제학과 과세의 원리에 대하여》의 완전 번역은 이미 1991년에 정윤형이 한 바 있다. 본 번역에서는 리카도 경제사상의 핵심인 가치 이론과 분배 이론, 국제 무역 이론 부분만을 번역 대상으로 삼았다. 많은 학자들이 동의하듯이 과세에 관한 부분은 가치 이론과 분배 이론의 응용편이라고 할 수 있기 때문에, 리카도 경제사상을 살펴보는 데에는 그 정도만으로도 충분하다고 생각된다. 번역에 임해서는 원문의 의도에 충실하되, 가능한 한 21세기의 한국 독자들이 쉽게 이해할 수 있도록 했다.

번역어 선택에 특별히 고심한 단어가 하나 있어서 여기서 굳이 밝혀두고자 한다. 바로 'farmer'라는 단어이다. 이 용어는 고전학파 경제학에서 '지주에게서 토지를 임차해 상품작물을 경작하는 농업자본가'를 의미한다. 경제사 교과서에서는 '차지 농업가'라고 불리는 계층이다. 이것을 간결하게 표현하는 말을 선택하기가 쉽지 않았다. 기존의 번역에서는 '농업자'라는 용어를 사용하고 있으나, 이는 우리말에서 일상적으로 사용되는 것이 아니기 때문에 여기서는 사용하고 싶지 않았다. 그 대신에 최초로 선택한 용어는 '농가'였다. 이것은 짧아서 좋기는 하지만, 자본가 또는 경영자의 이미지가 드러나지 않았다. 다음으로 '농장주'라는 말을 사용해봤으나, 이것은 지주와 구별되지 않을 가능성이 있었다. 그다음으로 선택한 것이 '영농인'이었는데, '인'이라는 글자가 그 계층 일반을 가리키는 것처럼 보여 꺼려졌다. 그래서 최종적으로 선택한 것이 '영농자'라는 용어였다. 한국에서는 '영농 후계자' 따위의 말이 공식적으로 사용되고 있기 때문에 거부감이 별로 없으면서도, 자본가 또는 경영자라는 의미가 내포되어 있어서 비교적 적합한 말이라고 판단되었다.

이 책의 번역을 약속하고 나서 다른 일이 생겨 오래 미룬 끝에 이제야 완료했다. 긴 세월 동안 묵묵히 기다려준 책세상에 감사와 사과의 말을 전한다.

옮긴이 권기철

서문

땅의 생산물—노동, 기계, 자본이 결합되어 투입됨으로써 땅에서 얻는 모든 것—은 사회의 세 계급, 즉 토지 소유자, 토지 경작에 필요한 자재 또는 자본의 소유자, 자신의 근로로 토지를 경작하는 노동자들 사이에 분배된다.

그러나 사회의 단계들이 달라지면 지대, 이윤, 임금의 이름으로 땅의 전 생산물이 이들 각 계급에 배분되는 비율도 기본적으로 달라진다. 그것은 주로 토양의 실제 비옥도, 자본과 인구의 축적, 농업에 사용되는 기능·재주·도구에 좌우된다.

이 분배를 규제하는 법칙을 결정하는 것이 정치경제학의 기본 문제이다. 이 과학은 튀르고Anne Robert Jacques Turgot, 스튜어트James Steuart, 스미스, 세J. B. Say, 시스몽디J. C. L. Simonde de Sismondi 및 다른 이들의 저술로 크게 발전해왔지만, 이들은 지대, 이윤, 임금의 자연적 과정에 관해 만족할 만한 지식을 거의 제공하지 못했다.

1815년 맬서스 씨[2]가 《지대의 성질과 추이에 대한 탐구Inquiry into the Nature and Progress of Rent》에서, 그리고 옥스퍼드 대학 유니버시티 칼리지의 한 연구원[3]이 《토지에의 자본 투입에 대한 논고Essay on the Application of Capital to Land》에서 거의 동시에 올바른 지대 이론을 세상에 내놓았다. 그것을 모르면, 부의 진전이 이윤과 임금에 미치는 효과를 이해하거나, 특히 과세되는 상품이 땅에서 즉각 얻는 생산물일 때 조세가 사회의 여러 계급에 미치는 영향을 만족스럽게 추적하는 것이 불가능하다. 내가 보기에는 애덤 스미스와 앞에 언급한 여타 유능한 저자들이 지대의 원리를 정확하게 고찰하지 못했기 때문에, 지대라는 주제를 철저하게 이해한 이후라야만 발견할 수 있는 많은 중요한 진리들을 간과했던 것 같다.

이 결함을 보완하기 위해서는 필자가 가진 것보다 훨씬 높은 수준의 능력이 필요하다. 그러나 이 주제에 대해 필자가 최선을 다해 고찰했고—위에 언급한 걸출한 저자들의 저술에서 도움을 얻었고—, 최근 몇 년의 세월 동안 현 세대가 풍부한 사실들로 귀중한 경험을 한 뒤이기에, 이윤과 임금의 법칙 및 과세의 효력에 대한 필자의 견해를 말하는 것이 주제넘은 일은 아닐 것이라고 믿는다. 만약 필자가 올바르다고 생각하는 원리들이 정말 그렇다고 판명된다면, 그 모든 중요한 결과를 파악하는 것은 필자보다 더 유능한 다른 사람들의 몫이 될 것이다.

기존의 견해를 반박함에 있어서 필자는, 애덤 스미스의 저술 중에서 필자의 견해와 다르다고 볼 근거가 충분한 문장들을 더 상세히 언급해야 함을 깨달았다. 그러나 이 때문에, 이 고명한 저자의 심오한 저술이 그처럼 정당하게 불러일으켜 온 찬사에 대해, 정치경제학의 중요성을 인식하는 모든 사람들과 달리 필자가 동조하지 않는다는 의심을 받지는 않기를 희망한다.

똑같은 말이 세 씨의 뛰어난 저술에도 적용될 것이다. 그는 스미스의 원리들을 정당하게 평가하고 응용한 〔유럽〕대륙의 저자 중 최초의 사람 또는 최초 중의 한 사람이고, 스미스의 계몽적이고 유익한 체제의 원리들을 유럽 제국諸國에 장려하는 데 있어서 〔유럽〕대륙의 다른 모든 저자들을 합친 것보다 더 많은 일을 했을 뿐만 아니라, 〔정치경제학〕학문을 좀 더 논리적이고 교훈적인 것으로 만드는 데 성공했으며, 여러 가지 독창적이고 정확하고 심오한 논의를 통해 학문을 풍부하게 했다.[4] 그러나 필자가 이 신사의 저술에 대해 품은 존경심이, 필자의 생각과 다른 것으로 보이는 그의 《정치경제학 개론Traité d'économie politique》의 문장들에 대해, 필자가 학문적 관심에 요구된다고 여겨지는 자유를 가지고 논평하는 것을 막지는 못했다.

제1장

가치에 대하여

1.

한 상품의 가치, 즉 그것과 교환될 다른 상품의 수량은 그 상품의 생산에 필요한 상대적 노동량에 달려 있는 것이지, 그 노동에 지불되는 보상의 크고 작음에 달려 있는 것이 아니다.

애덤 스미스는 "가치라는 단어는 두 가지 다른 의미가 있는데, 때로는 특정 사물의 효용을 표현하기도 하고 때로는 그 사물의 소유가 가져다주는 다른 재화의 구매력을 표현하기도 한다. 전자를 사용가치, 후자를 교환가치라고 부를 수 있다"라고 주장한 바 있다. 그는 계속해서, "사용가치가 가장 높은 사물이 종종 교환가치는 거의 없거나 아예 없는 경우도 있고, 반대로 교환가치가 가장 높은 사물이 사용가치는 거의 없거나 아예 없는 경우도 있다"라고 말한다.[5] 물과 공기는 풍부하게 사용할 수 있다. 이것들은 정말 인간의 생존에 없어서는 안 되는 것이지만, 정상적인 환경에서 이것과 교환해서 얻을 수 있는 것은 아무것도 없다. 반면에 금은 공기나 물과 비교해서 거의 쓸모가 없지만, 대량의 다른 재화와 교환된다.

효용은 교환가치의 척도는 아니지만 상품이 교환가치를 갖는 데 절대적으로 필요하다. 어떤 상품이 결코 유용하지 않다면—즉 상품이 만족에 아무런 기여도 할 수 없다면—그것이 아무리 희소하고 그것을 획득하는 데 아무리 많은 노동이 필요하더라도 교환가치가 없다.

상품에 효용이 있을 때, 상품의 교환가치는 다음 두 가지 원천에서 생겨난다. 상품의 희소성과 그 상품을 얻는 데 필요한 노동량이 그것이다.

상품 중에는 그 가치가 희소성에 의해서만 결정되는 것도 있다. 그런 재화는 노동으로 그 수량을 늘릴 수 없고, 따라서 그 가치는 공급의 증가로 낮출 수 없다. 희귀한 조각품과 그림, 희귀한 책과 동전, 특정한 토질에서 자란 포도로만 만들 수 있고 양이 아주 적은 특정 품질의 포도주, 이 모든 것들이 이 범주에 속한다. 이런 상품의 가치는 원래 그것을 생산하는 데 들어간 노동량과는 전혀 무관하며, 그것을 소유하고자 하는 사람들의 재산이나 취향의 변동에 따라 달라진다.

그러나 이런 상품들은 시장에서 매일 거래되는 수많은 상품들 중에서 아주 작은 부분을 차지한다. 사람들의 욕망의 대상이 되는 재화의 절대 다수는 노동을 통해 획득된다. 그리고 우리가 그것을 얻는 데 필요한 노동을 투입할 의사가 있다면, 이것들은 거의 어떤 한계도 없이, 한 나라가 아니라 많은 나라에서 그 수량을 늘릴 수 있다.

그러므로 상품, 그 교환가치, 그리고 그 상대 가격을 결정하는 법칙이라고 말할 때, 우리는 언제나 그런 상품들—근로로 수량을 늘릴 수 있고 그 생산에 무한정 경쟁이 작동되는 상품들을 의미한다.

사회의 초기 단계에서는 이들 상품의 교환가치, 즉 다른 상품과 교환할 때 필요한 상품의 수량을 결정하는 법칙은 각 상품에 지출된 상대적 노동량에 거의 전적으로 의존한다.

애덤 스미스는 다음과 같이 말한다. "모든 물품의 진정한 가격, 즉 모든 물품이 그것을 얻고자 하는 사람에게 진정으로 부담시키는 비용은 그것을 얻기 위한 노동과 수고이다. 모든 물품이 그것을 획득해 처분하고자 하는, 즉 그것과 다른 것을 교환하고자 하는 사람에게 진정으로 주는 가치는 그것을 가짐으로써 그가 절약할 수 있는 노동과 수고, 그리고 그것이 다른 사람에게 부과할 수 있는 노동과 수고이다." "노동은 최초의 가격—모든 사물의 대가로 지불되는 최초의 구매 대금이다." 또 "자본의 축적과 토지의 사적 점유가 없던 초기의 원시사회에서는 여러 가지 물품을 획득하는 데 필요한 노동량의 비율이 물품 교환에 어떤 법칙을 제공할 수 있는 유일한 요인이었던 것 같다. 예컨대 수렵 종족 가운데 비버를 잡는 것이 사슴을 잡는 것보다 대개 두 배의 노동이 든다면, 한 마리의 비버는 당연히 두 마리의 사슴과 교환되거나 두 마리의 사슴과 같은 가치가 있어야 할 것이다. 대개 이틀 또는 두 시간 만에 생산되는 것은 대개 하루 또는 한 시간의 노동으로 생산되는 것보다 두 배의 가치를 지녀야 하는 것이 당연하다".[6]

이것이 바로 인간의 노동으로 늘릴 수 없는 것을 제외한 모든 물품의 교환가치의 기초라는 사실은 정치경제학에서 가장 중요한 원리이다. 왜냐하면 이 과학에서 가치라는 단어에 부여된 애매모호한 의미만큼 많은 오류와 많은 견해차를 일으킨 원인은 없기 때문이다.

상품에 실현된 노동량이 그 교환가치를 규정한다면, 노동량의 증가는 반드시 그 노동의 대상이 되는 상품의 가치를 증가시키며, 이와 마찬가지로 〔노동량의〕 감소는 반드시 그것을 하락시킨다.

애덤 스미스는 교환가치의 최종적 원천을 그처럼 정확하게 정의하고, 모든 물품의 가치가 생산에 투입된 노동 비율의 크고 작음에 따라 오르내린다고 일관되게 주장했음에도 불구하고, 그 스스로 가치의 또 다른 표준척도를 설정해, 물품들이 이 표준척도와 얼마만큼 많이 교환되는가의 비율에 따라 그 물품의 가치가 오르내린다고 말하고 있다. 그는 표준척도로서 어떤 때는 곡물을 얘기하기도 하고 또 어떤 때는 노동을 얘기하기도 한다. [여기서 노동이란] 어떤 대상물의 생산에 투하된 노동량이 아니라 그 대상물이 시장에서 지배7할 수 있는 노동량을 말한다. [스미스는] 이 둘의 의미가 같으며, 한 사람의 노동이 두 배로 효율적이게 되고 따라서 어떤 상품을 두 배로 더 많이 생산할 수 있기 때문에 그는 그 노동에 대해 이전 양의 두 배를 받아야 하는 것[처럼 말한다].

만약 이것이 진실이라면, 즉 노동자의 보수가 언제나 그가 생산한 양에 비례한다면, 어떤 상품에 투하된 노동량과 그 상품이 구매할 수 있는 노동량은 같을 것이고, 어느 쪽이든 다른 물품의 [가치] 변동을 정확히 측정해줄 수 있을 것이다. 그러나 그 둘은 같지 않다. 첫째 것은 많은 경우에8 다른 물품들의 [가치] 변동을 정확히 가리켜주는 불변의 척도이지만, 둘째 것은 그것과 비교되는 상품의 수만큼 변동을 겪는다. 애덤 스미스는 다른 물품들의 가변적 가치를 결정하는 데 금이나 은과 같이 가변적인 매개물이 불충분함을 아주 잘 증명해놓고도, 곡물이나 노동에 집착함으로써, 결코 가변성이 작다고 할 수 없는 매개물을 선택한 것이다.

금과 은이 풍부한 새로운 광산의 발견으로 [가치가] 변동될 수 있음은 의심의 여지가 없다. 그러나 그러한 발견은 드물고, 그 효과도 비록 강하기는 하겠지만 비교적 짧은 기간에 한정된다. 금과 은은 광산 작업의 기술과 기계가 개량되어 〔가치가〕 변동할 수도 있다. 그런 개량의 결과 동일한 노동으로 더 많은 양을 얻을 수 있기 때문이다. 금과 은은 여러 세대에 걸쳐 세계에 대한 공급량을 위해 생산되다 보면 광산의 생산물이 감소하게 되어 〔가치가〕 변동될 수도 있다. 그런데 곡물이라고 해서 이러한 변동 요인으로부터 자유로운가? 한편으로, 농업의 개량, 경작에 사용되는 기계와 농기구의 개량, 그리고 다른 나라에서 새로운 비옥한 토지가 발견되어 경작에 사용되고 그것이 수입이 자유로운 모든 시장에서 곡물의 가격에 영향을 줌으로써, 곡물 가격이 변동할 수도 있지 않은가? 다른 한편으로, 수입이 금지됨으로써, 인구와 부가 증가함으로써, 열등한 토지를 경작하는 데 더 많은 노동량이 필요하게 되어 〔곡물〕 공급량을 증가시키는 데 곤란성9이 커짐으로써 곡물의 가치가 높아질 수도 있지 않은가? 노동의 가치도 똑같이 가변적이지 않은가? 이것은 모든 다른 물품과 마찬가지로 공급과 수요 간의 비율—이것은 사회의 여건이 달라지면 언제나 변동한다—뿐만 아니라 노동의 임금으로 구매되는 식품과 여타 필수품의 가격 변동에도 영향을 받지 않는가?

한 나라에서 어떤 시점에 일정한 양의 식품과 필수품을 생산하는 데 필요한 노동량이 다른 먼 〔과거〕 시점에서 필요한 노동량의 두 배라고 하더라도, 노동자의 보수는 거의 줄어들지 않을 것이다.[10] 이전 시기의 노동자의 임금이 일정한 양의 식품과 필수품으로 주어졌을 때, 〔현재 시기에〕 그 수량이 감소된다면 그는 생존하기 어려울 것이다. 이 경우에 식품과 필수품은 그 생산에 필요한 노동량으로 측정했을 때 〔가치가〕 100퍼센트 상승했을 것이지만, 그것으로 교환할 수 있는 노동량으로 측정했을 때는 가치가 거의 상승하지 않았을 것이다.

둘 또는 그 이상의 국가에 대해서도 똑같은 말을 할 수 있을 것이다. 미국과 폴란드에서는 가장 최근에 경작에 들어간 토지에서, 일정한 수의 남자의 연간 노동이 잉글랜드의 유사한 상황에 있는 토지에서보다 훨씬 더 많은 곡물을 생산할 것이다. 이제, 이 세 나라에서 모든 다른 필수품들이 똑같이 싸다고 가정할 때, 노동자에게 지급되는 곡물량이 각 나라의 생산의 편리성에 비례할 것이라고 결론짓는 것은 엄청난 오류가 아니겠는가?

기계의 개량으로 지금 생산에 필요한 노동의 4분의 1만으로 노동자의 신발과 의복이 생산될 수 있다면 그것들〔의 가치〕은 아마 75퍼센트 하락할 것이다. 그러나 그럼으로 해서 노동자가 하나가 아닌 네 벌의 코트나 네 켤레의 신발을 앞으로 계속 소비할 수 있게 된다는 것은 전혀 진실이 아니며, 머지않아 경쟁의 효과와 인구에 대한 자극에 의해 임금이 그것으로 구매되던 필수품의 새로운 가치에 맞추어 조정될 것이다. 이러한 개량이 노동자의 모든 소비 대상물로 확대된다면, 제조에서 그러한 개량이 이루어지지 않은 여타 상품과 비교해 이들 상품의 교환가치가 매우 크게 감소하더라도, 그리고 이것들이 크게 감소한 노동량의 산물이라고 하더라도, 우리는 아마도 한두 해 안에 그 노동자의 향유물이, 만약 늘어났더라도 조금만 늘어난 것을 발견할 것임에 틀림없다.[11]

그러므로 애덤 스미스처럼 "노동은 어떤 때는 더 많은 재화량을, 또 어떤 때는 더 적은 재화량을 구입할 것이기 때문에, 변화하는 것은 재화의 가치이지 그것을 구매하는 노동의 가치가 아니며", 따라서 "그 자신의 가치가 결코 변하지 않는 노동이야말로 모든 상품의 가치를 언제 어디서나 측정하고 비교할 수 있게 해주는 궁극적이고 진정한 표준"[12]이라고 말하는 것은 옳을 수가 없다. 반대로, 애덤 스미스가 그 이전에 말했듯이 "여러 가지 물품을 획득하는 데 필요한 노동량의 비율이 물품 교환에 어떤 법칙을 제공할 수 있는 유일한 요인인 것 같다"[13]라고 말하는 것은 옳다. 다시 말하면 상품의 현재 또는 과거의 상대 가치는 노동자가 노동과 교환해서 받는 상품의 상대적 수량이 아니라 노동으로 생산하게 될 상품의 상대적 수량이라는 것이다.

두 상품의 상대 가치가 변했는데, 우리가 그 변화가 실제로 어디에서 일어났는지를 알려고 한다고 하자. 우리가 한 상품의 현재 가치를 신발, 양말, 모자, 쇠, 설탕 및 다른 모든 상품들과 비교할 때, 그 상품이 정확히 이 모든 상품들의 이전과 동일한 양과 교환된다는 것을 안다고 하자. 우리가 다른 한 상품을 위와 동일한 상품들과 비교할 때, 그것이 이 모든 상품들에 비해서 변화했다고 하자. 그러면 우리는 〔가치〕 변화가 비교 대상인 상품이 아니라 이 상품에서 일어났을 확률이 높다고 추론할 수 있을 것이다. 만약 우리가, 이들 다양한 상품의 생산과 관련된 모든 상황을 한층 더 구체적으로 검토한 결과 신발, 양말, 모자, 쇠, 설탕 및 기타의 생산에 정확히 동일한 양의 노동과 자본이 필요한 반면 상대 가치가 변한 이 상품을 생산하는 데에는 전과 같은 양이 필요하지 않다는 것을 알게 된다면, 확률은 확실성으로 바뀐다. 그리고 우리는 변화가 이 상품에서 일어났음을 확신한다. 그리하여 우리는 그 변화의 원인도 발견한다.

만약 내가 금 1온스가 위에서 열거된 모든 상품들의 더 적은 양과 교환될 것임을 알았다면, 그리고 새롭고 더 비옥한 광산의 발견 또는 더욱 유리한 기계의 사용으로 주어진 양의 금을 더 적은 노동량으로 획득할 수 있음을 알았다면, 다른 상품과 비교해 금 가치가 상대적으로 변화한 원인이 생산의 편리성의 증대 또는 그것을 획득하는 데 필요한 노동량의 감소라고 말하는 것은 지극히 정당하다. 이와 마찬가지로, 노동의 가치가 모든 다른 물품에 비해 크게 하락하고, 그 하락이 곡물과 여타 노동자의 필수품을 생산하는 데 편리성이 커짐으로써 공급이 풍부하게 된 결과라는 것을 알았다면, 곡물과 필수품을 생산하는 데 필요한 노동량이 감소한 결과로 그것들의 가치가 하락했고 노동자의 필수품을 공급하는 편리성〔의 증진〕이 노동 가치의 하락을 가져왔다고 말하는 것은 옳다고 생각한다. 〔이에 대해〕 '그렇지 않다'고 애덤 스미스와 맬서스 씨[14]는 말하는데, 금의 경우에는 곡물과 노동이 변하지 않았으므로 두 사람이 그 변동을 그 가치의 하락이라고 말한 것은 옳았다. 그리고 금이 곡물 및 노동과 모든 다른 물품들의 더 적은 양을 지배할 것이기 때문에, 모든 물품들은 그대로이고 금만이 변화했다고 말한 것은 옳았다. 그러나 우리가 곡물과 노동을 가치의 표준척도로 선정하고 그것들도 변동할 수 있다고 인정했음에도 불구하고, 곡물과 노동이 하락했을 때 그렇게 말한 것은 아주 부적절했다. 올바르게 말하자면, 곡물과 노동은 그대로이고 다른 모든 물품의 가치가 상승했다고 해야 한다.

이제 내가 반대하는 것은 바로 이런 말에 대한 것이다. 나는 금의 경우와 같이 곡물과 여타 물품 간의 〔가치〕 변동의 원인은 바로 곡물을 생산하는 데 필요한 노동량이 적어졌다는 데 있다는 것을 알고 있고, 따라서 올바른 추론을 통해 곡물과 노동의 변동은 그것들과 비교되는 물품들의 가치 상승이 아니라 곡물과 노동의 가치의 하락이라고 말하지 않을 수 없다. 만약 내가 노동자를 1주일 동안 고용하는 데 10실링이 아니라 8실링을 지불해야 한다면, 화폐의 가치에 변동이 일어나지 않았는데도, 노동자는 아마도 이전에 10실링으로 얻었던 것보다 더 많은 식량과 필수품을 8실링을 주고도 얻을 수 있을 것이다. 그러나 이것은, 애덤 스미스와 더 최근에 맬서스 씨가 말했듯이, 노동자의 실질 임금의 상승이 아니라 임금으로 구입하는 물품들의 가치의 하락 때문이고, 이 둘은 전혀 별개의 것이다. 그런데 내가 이것을 임금의 실질 가치의 하락이라고 부른 것에 대해, 내가 과학의 진정한 원리들과 맞지 않는 새롭고 이상한 언어를 사용한다는 말이 들린다.[15] 내가 보기에는 이상하고 실로 일관성 없는 언어는 내 논적들이 사용하는 바로 그 언어인 것 같다.

어떤 노동자가 곡물 가격이 쿼터당 80실링일 때 1주일의 노동에 대해 곡물 1부셸을 받으며,[16] 〔곡물〕 가격이 40실링으로 떨어지면 $1\frac{1}{4}$부셸을 받는다고 해보자. 그리고 그 노동자가 가족과 함께 1주일에 곡물 $\frac{1}{2}$부셸을 소비하고 그 나머지를 연료, 비누, 양초, 차, 설탕, 소금 등 기타 물품들과 교환한다고 해보자. 이 경우 그에게 남은 $\frac{3}{4}$부셸로 이전에 $\frac{1}{2}$부셸로 살 수 있던 상품과 동일한 양을 얻을 수 없다면—그럴 수 없을 것이다—노동의 가치는 오른 것인가 내린 것인가? 애덤 스미스는 '올랐다'고 말해야 할 것이다. 왜냐하면 그의 표준은 곡물이고, 노동자는 1주일 동안의 노동으로 전보다 많은 곡물을 받기 때문이다. 똑같은 애덤 스미스가 '내렸다'

고 말해야 [하기도] 한다. "왜냐하면 어떤 물품의 가치는 그 물품의 소유가 가져다주는 다른 재화의 구매력에 의존하기 때문이다."[17] 그리고 그러한 다른 재화에 대한 노동의 구매력은 줄어들기 때문이다.

2.

노동의 질이 다르면 그 보수도 달라진다. 이것이 상품의 상대 가치를 변동시키는 것은 아니다.

그러나 내가 노동이 모든 가치의 기초라고 말할 때, 그리고 상대적 노동량이 상품의 상대 가치를 거의 전적으로 결정한다고 말할 때, 내가 다양한 노동의 질과, 한 일자리에서의 한 시간 또는 하루 노동과 다른 일자리에서의 동일한 기간 동안의 노동을 비교할 때의 어려움을 무시한다고 생각해서는 안 된다. 다양한 노동의 질을 고려한 [노동의 가치에 대한] 평가는 시장에서 모든 실제적 목적에 맞게 충분히 정확하게 조정되며, 그것은 노동자의 상대적 숙련과 수행되는 노동의 강도에 따라 결정된다. 그 척도는 일단 형성되면 잘 변동하지 않는 경향이 있다. 현직 보석 세공인의 하루 노동이 일반 노동자의 하루 노동보다 더 가치가 있다면, 그것은 오

래전에 조정되어 가치척도의 적당한 위치에 자리 잡고 있을 것이다.[18]

그래서 상이한 시기를 두고 동일한 상품의 가치를 비교할 때는, 그 상품에 필요한 (노동의) 상대적 숙련도와 강도에 대해서 고려할 필요가 거의 없다. 그것들은 두 시기에 동일하게 작용하기 때문이다. 한 시점에서의 한 종류의 노동이 다른 시점에서의 같은 종류의 노동과 비교되는 것이다. $\frac{1}{10}$, $\frac{1}{5}$, 또는 $\frac{1}{3}$이 추가되거나 감해졌다면, 그 원인에 비례한 결과가 상품의 상대 가치에 반영된다.

만약 무명베 한 필이 아마포 두 필의 가치를 지닌다면, 그리고 그로부터 10년 뒤 무명베 한 필의 보통 가치가 아마포 네 필과 같아진다면, 우리는 무명베를 만드는 데 필요한 노동이 늘어났거나, 아니면 아마포를 만드는 데 필요한 노동이 줄어들었거나, 또 아니면 두 가지 원인이 모두 일어났다고 결론지어도 괜찮다.

내가 독자의 주의를 끌려고 하는 탐구는 상품의 절대 가치가 아니라 상대 가치의 변동의 효과에 관한 것이기 때문에, 여러 종류의 인간 노동을 고려한 상대적인 평가 정도에 대한 검토는 별로 중요하지 않을 것이다. 우리는 다음과 같이 결론지어도 무방할 것이다. 즉, 노동의 여러 종류 사이에 처음부터 어떤 차이가 있었다 하더라도, 즉 한 종류의 손재주를 얻는 데 필요한 재능, 숙련, 시간이 다른 종류(의 손재주의 경우)에 비해 많더라도, 그 차이는 세대가 바뀌어도 거의 변하지 않을 것이다. 아니면 적어도 해가 바뀌어도 변동이 무시할 만큼 작아서, 단기간에는 (그 변동이) 상품의 상대 가치에 거의 영향을 미칠 수 없다.

"노동과 자본의 각종 사용처 사이의 임금 수준, 이윤율 격차는 이미 관찰한 바와 같이 사회의 부·빈곤, 사회의 진보·정지·퇴보의 상태에 크게 영향받지 않는 것 같다. 사회 복지상의 이러한 격변은, 비록 임금·이윤의 일반 수준에 영향을 주기는 하지만, 결국 모든 업종에 균등한 영향을 주는 것에 틀림없다. 그러므로 각 사용처 사이의 임금 수준, 이윤율 격차는 그대로 지속될 것이며, 위와 같은 격변에 의해서도 적어도 상당한 기간 동안은 쉽게 바뀔 수 없을 것이다."[19]

3.

상품에 직접 사용된 노동뿐만 아니라 그 노동을 도와주는 도구, 연장, 건물에 투하된 노동도 그 가치에 영향을 미친다.

애덤 스미스가 언급한 그 초기 사회에서도 사냥감을 잡으려면, 비록 사냥꾼 자신이 만들어서 축적해놓은 것이겠지만, 자본이 좀 필요할 것이다. 무기가 없으면 비버나 사슴을 잡

을 수 없으므로, 이 동물들의 가치는 그 사냥에 필요한 시간
과 노동뿐만 아니라 사냥이 성공하도록 도와주는 사냥꾼의
자본, 즉 무기를 공급하는 데 필요한 시간과 노동에도 좌우
될 것이다.

가령 비버에게 접근하는 데 곤란성이 더 크고 따라서 무기
가 표적을 더 정확하게 맞혀야 하기 때문에, 비버를 잡는 데
필요한 무기가 사슴을 잡는 데 필요한 무기보다 더 많은 노
동으로 만들어진다고 생각해보자. 당연히 비버 한 마리는 사
슴 두 마리보다 더 큰 가치가 있을 것이며, 그것은 바로 그 사
냥에 전체적으로 더 많은 노동이 필요할 것이라는 이유 때문
이다. 이제, 두 무기를 만드는 데 동일 양의 노동이 필요하지
만 그것들의 내구성이 아주 다르다고 생각해보자. 내구성이
큰 도구는 그 가치의 작은 일부만이 상품에 이전될 것이며,
내구성이 더 작은 도구는 그 가치의 훨씬 더 큰 부분이 그 도
구의 도움을 받아 생산되는 상품에 실현될 것이다.

비버와 사슴을 잡는 데 필요한 모든 도구가 한 계급의 사
람들에 속하고, 그 사냥에 고용되는 노동은 또 다른 계급에
의해 제공될 수가 있을 것이다. 이 경우에도 비버와 사슴의
상대 가격은 자본의 형성과 동물의 사냥에 실제로 투하된 노
동에 비례할 것이다. 각자 자신의 사업에 동일한 가치의 자
본을 제공한 두 사람은, 노동에 비해 자본이 풍부한가 또는
희소한가의 사정에 따라서, 그리고 사람의 부양에 필수적인

식량과 필수품이 풍부한가 또는 희소한가의 사정에 따라서, 획득된 생산물의 절반, 아니면 ¼, 또 아니면 ⅛을 가질 것이고, 그 나머지는 노동을 제공한 사람들에게 임금으로 지불될 것이다. 그러나 이러한 [임금과 이윤 간의] 분할이 이 상품들의 상대 가치에 영향을 줄 수는 없다. 왜냐하면 자본의 이윤이 크든 작든, 즉 그것이 50퍼센트이건 20퍼센트이건 10퍼센트이건, 또는 노동의 임금이 높든 낮든, 그 분할은 두 사업에 똑같이 작용하기 때문이다.

사회의 직업이 늘어서 어떤 이는 낚시에 필요한 카누와 낚시 도구를 공급하고, 또 어떤 이는 씨앗과 농업에 처음 사용되는 간단한 기계를 공급한다고 생각해보자. 이 경우에도 똑같은 원리가 적용될 것이다. 즉 생산된 상품의 교환가치는 그 생산에 투하된 노동, 즉 그 직접적인 생산에 투하된 노동뿐만 아니라, 특정 노동이 작업하는 데 필요한 도구나 기계 모두에 투하된 노동에도 비례할 것이다.

만약 우리가 문명이 더욱 발달하고 예술과 상업이 번성한 사회를 관찰하더라도, 우리는 여기서도 상품의 가치가 이 원리에 따라 움직인다는 것을 알 수 있을 것이다. 예를 들어 양말의 교환가치를 측정할 때 우리는 다른 물품과 비교한 양말의 가치가 그것을 제조해 시장에 가져가는 데 필요한 총 노동량에 의존한다는 것을 알게 될 것이다. 첫째, 원면이 자라는 땅을 고르는 데 필요한 노동이 있다. 둘째, 양말을 제조하는 나라로 솜을 운반하는 노동이 있다. 여기에는 그것을 운반하는 배를 건조하는 데 투하되는 노동의 일부가 포함되는데, 이것은 재화의 운임 속에 부과되어 있다. 셋째, 방적공과 직포공의 노동이 있다. 넷째, 양말을 만드는 데 사용되는 건물과 기계를 건조한 기계공, 대장장이, 목수의 노동 부분도 있다. 다섯째, 소매상의 노동과, 더 일일이 열거할 필요가 없는 많은 다른 사람들의 노동이 있다. 이런 다양한 종류의 노동의 총합계가 이 양말들과 교환될 다른 물품의 양을 결정하는 한편으로, 이들 다른 물품들에 투하된 여러 가지 노동량에 대한 똑같은 사정이 양말과 교환될 이들 물품의 양을 역시 지배할 것이다.

  이것이 교환가치의 진정한 기초라는 사실을 확인하기 위해, 제조된 양말이 시장에 나와서 다른 물품과 교환되기 전에 원면이 반드시 거쳐야 하는 여러 가지 과정의 어느 한 단계에서 노동을 절약하는 수단의 개선이 이루어진다고 생각해보자. 그리고 그 효과를 관찰해보자. 원면을 경작하는 데 필요한 사람이 줄어든다면, 또는 항해를 하는 데 고용된 선원이나, 원면을 우리에게 운반하는 데 사용되는 배를 건조하는 데 필요한 조선공이 줄어든다면, 아니면 건물과 기계를 건조하는 데 고용되는 일손이 줄어들거나, 이들이 건조되었을 때 한층 능률적이게 된다면, 양말의 가치는 불가피하게 하락할 것이며, 그 결과 〔양말이〕 지배할 수 있는 다른 물품의 양이 줄어들 것이다. 양말의 가치가 하락하는 것은 그 생산에 필요한 노동량이 줄어들어서, 〔양말이〕 그러한 노동의 절약이 이루어지지 않은 다른 물품의 더 적은 수량과 교환되기 때문이다.

노동의 사용이 절약되면, 그 절약이 상품 그 자체의 제조에 필요한 노동에서 일어나건, 아니면 상품의 생산을 도와주는 자본의 형성에 필요한 노동에서 일어나건, 반드시 상품의 상대 가치가 하락한다. 표백공, 방적공, 직포공으로 고용되는 사람들과 같이 양말의 제조에 직접적으로 필요한 인원이 줄어들거나, 선원, 짐꾼, 기계공, 대장장이와 같이 생산에 간접적으로 관여하는 인원이 줄어들면, 어느 경우이든 양말의 가격은 하락할 것이다. 전자의 경우에는 노동의 절약이 모두 양말에 귀속되지만, 후자의 경우에는 그 일부만이 양말에 귀속되고 나머지는 건물, 기계, 운송 수단의 도움을 받아 생산되는 다른 모든 상품에 귀속될 것이다.

사회의 초기 단계에 사냥꾼의 활과 화살이 어부의 카누 및 어구와 함께 동일 노동량의 산물로서 동일한 가치와 동일한 내구성을 가진다고 생각해보자. 그런 사정하에서는 사냥꾼의 하루 노동의 산물로서의 사슴의 가치가 어부의 하루 노동의 산물로서의 물고기의 가치와 정확히 일치할 것이다. 물고기와 사냥물의 비교가치는, 생산량이 얼마이든 또는 일반 임금이나 이윤이 높거나 낮은 데 상관없이, 전적으로 각각에 실현된 노동량에 따라 규제될 것이다. 예를 들어 어부의 카누와 어구가 100파운드의 가치를 가지고 10년 동안 유지된다고 계산되며, 어부가 10명의 노동자를 고용해 연간 100파운드의 노동 비용을 지불하고 이들이 자신의 노동으로 하루에 20마리의 연어를 잡는다고 하자. 그리고 사냥꾼이 사용하는 무기도 역시 100파운드의 가치를 가지며 10년 동안 유지된다고 계산되며, 이 사람도 역시 10명의 노동자를 고용해 연간 100파운드의 비용을 지불하고 이들이 하루에 10마리의 사슴을 잡는다고 하자. 그러면 전 생산물 중에서 그것을 획득한 노동자들에게 돌아가는 비율과 상관없이, 사슴 한 마리의 자연 가격은 연어 두 마리가 될 것이다. 임금으로 지불될 비율은 이윤에 관한 한 지극히 중요하다. 왜냐하면 임금이 낮거나 높은 데 정확히 비례해서 이윤이 높거나 낮을 것임을 단번에 알 수 있기 때문이다. 그러나 임금은 두 직업에서 동시에 높거나 낮을 것이므로, 그것은 물고기와 사냥물의 상대 가치에는 전혀 영향을 미칠 수 없을 것이다. 만약 사냥꾼이 사냥물에 대한 대가로 자신이 더 많은 물고기를 받도록 어부를 설득하기 위해 자신이 [노동자들에게] 사냥물의 큰 비율, 즉 사냥물의 큰 비율의 가치를 임금으로 지불했다는 주장을 하면, 어부는 자신도 같은 이유로 똑같은 영향을 받았다고 말할 것이다. 그러므로 임금과 이윤이 어떻게 변화하든 하루의 노동으로 각각 동일한 양의 물고기와 동일한 양의 사냥물을 얻는 상황이 지속되는 한, 자연적 교환 비율은 사슴 한 마리 대 연어 두 마리가 될 것이다.

만약 같은 양의 노동으로 더 적은 양의 물고기 또는 더 많은 양의 사냥물을 얻는다면, 물고기의 가치는 사냥물의 가치와 비교해 상승할 것이다. 반면에 같은 양의 노동으로 더 적은 양의 사냥물이나 더 많은 양의 물고기를 얻는다면 물고기〔의 가치〕와 비교해서 사냥물〔의 가치〕이 상승할 것이다.

만약 가치가 변하지 않는 다른 어떤 상품이 존재한다면 우리는 물고기와 사냥물의 가치를 이 상품과 비교함으로써〔가치〕 변동이 물고기의 가치에 어느 정도 영향을 준 요인에 기인한 것이고 얼마만큼이 사냥물의 가치에 영향을 준 요인에 기인한 것인지를 식별할 수 있을 것이다.

화폐가 그런 상품이라고 생각해보자. 연어 한 마리가 1파운드이고 사슴 한 마리가 2파운드라면, 사슴 한 마리는 연어 두 마리의 가치를 지닌다. 그러나 사슴을 잡는 데 노동이 더 필요하게 되거나 연어를 잡는 데 노동이 덜 필요하게 되면, 또는 이 두 가지 요인이 동시에 작용하면, 사슴 한 마리가 연어 세 마리의 가치를 지니게 될 것이다. 우리가 이런 불변의 〔가치〕 척도를 적용한다면 우리는 이런 원인들이 각각 어느 정도 작용했는지를 쉽게 식별할 수 있을 것이다. 만약 연어가 전과 마찬가지로 1파운드에 팔리는 반면 사슴은 3파운드로 올랐다면 우리는 사슴을 얻는 데 필요한 노동이 늘어났다고 결론지을 수 있을 것이다. 만약 사슴의 가격이 변함없이 2파운드이고 연어가 13실링 4펜스에 팔린다면, 우리는 연어를 잡는 데 필요한 노동이 줄어들었다고 확신할 수 있다. 그리고 만약 사슴이 2파운드 10실링으로 상승하고 연어가 16실링 8펜스로 하락한다면, 우리는 이들 상품의 상대 가치가 변화하는 데 두 가지 요인이 모두 작용했다고 확신해도 무방할 것이다.

노동의 임금이 어떻게 변동하더라도 그것은 이들 상품의 상대 가치의 변동을 가져올 수 없을 것이다. 왜냐하면 임금이 상승한다고 하면 이들 직업에서 필요한 노동량이 늘어나지 않을 것임에도 그 노동은 더 높은 가격으로 매겨질 것이며, 사냥꾼과 어부로 하여금 자신들의 사냥물과 물고기의 가치를 올리려고 노력하게 하는 것과 동일한 이유가, 광산의 소유자로 하여금 자신의 금의 가치를 인상하게 할 것이기 때문이다. 이러한 동기는 이 세 가지 직업에서 모두 동일한 힘으로 작용하고 거기에 종사하는 사람들의 상대적 지위도 임금의 상승을 전후해 동일하기 때문에, 사냥물과 물고기, 금의 상대 가치는 변함이 없을 것이다. 임금이 20퍼센트 상승하고 그 결과 이윤이 그 정도로 하락하더라도 이들 상품의 상대 가치는 조금도 변하지 않을 것이다.

이제 동일한 노동과 고정자본으로 더 많은 물고기를 생산할 수 있게 된 반면 금이나 사냥물은 그대로라면, 물고기의 상대 가치는 금이나 사냥물과 비교해 하락할 것이다. 만약 20마리의 연어가 아닌 25마리의 연어가 하루 노동의 산물이라면, 연어 한 마리의 가격은 1파운드가 아닌 16실링이 될 것이며, 사슴 한 마리와 교환하는 데 연어 두 마리가 아닌 두 마리 반을 주어야 할 것이지만, 사슴의 가격은 전과 다름없이 2파운드로 유지될 것이다. 이와 마찬가지로 만약 동일한 자본과 노동으로 더 적은 물고기가 잡힌다면, 물고기의 상대 가치는 상승할 것이다. 그렇다면, 주어진 수량을 얻는 데 필요한 노동량이 늘거나 줄어들 경우에만 물고기의 교환가치가 상승하거나 하락할 것이며, 필요 노동량이 증가하거나 감소하는 비율 이상으로 그것이 상승하거나 하락할 수는 없을 것이다.

만약 우리에게 다른 상품들의 〔가치〕 변동을 측정할 수 있는 불변의 〔가치〕 척도가 있다면, 그 상품들이 영구적으로 상승할 수 있는 최고 한도는, 우리가 상정한 환경에서 생산될 경우 그 생산에 필요한 추가 노동량에 비례한다는 것 그리고 그 생산에 더 많은 노동이 필요치 않다면 조금도 상승할 수 없다는 것을 우리는 알 수 있을 것이다. 임금이 상승하더라도 그것은 그 상품들의 화폐가치에서도, 또 생산에 추가 노동량이 필요치 않고 동일한 비율의 고정자본과 유동자본과 동일한 내구성의 고정자본을 사용하는 다른 어떤 상품과 비교해서도, 이 상품들〔의 가치〕을 상승시키지 않을 것이다.

만약 다른 상품의 생산에 필요한 노동이 늘어나거나 줄어든다면, 우리가 이미 말했듯이 이것은 즉각 그 상대 가치의 변동을 일으킬 것이지만 그 변동은 임금의 상승이 아니라 필요 노동량의 변동 때문이다.

4.

상품 생산에 들어간 노동량이 그 상대 가치를 규제한다는 원리는 기계와 기타 내구적 고정자본의 사용에 따라 크게 수정된다.

앞 절에서 우리는 사슴과 연어를 잡는 데 필요한 도구와 무기가 동일한 내구성을 갖고 있고 동일 노동량의 산물이라고 가정했으며, 사슴과 연어의 상대 가치의 변동은 순전히 그것들을 얻는 데 필요한 노동량의 변동에 의존한다는 것을 보았다―그러나 어떤 사회에서든지 각 사업에서 사용되는 연장, 도구, 건물, 기계들은 사업에 따라 그 내구성의 정도가 다양할 것이며, 그것을 생산하는 데 필요한 노동의 비율도 다를 것이다. 노동을 부양하기 위한 자본[20]과 연장, 기계, 건물에 투자된 자본의 비율도 다양하게 구성될 것이다. 이러한 고정자본의 내구도의 차이, 두 종류의 자본이 결합되는 비율의 다양성은, 상품을 생산하는 데 필요한 노동량의 많고 적음 이외에 또 다른 상대 가치 변동의 원인—이 원인은 노동 가치의 상승 또는 하락이다—을 드러내준다.

노동자가 소비하는 음식과 의복, 그가 일하는 건물, 노동을 지원하는 도구는 모두 소모되는 속성이 있다. 그러나 이 여러 가지 자본들이 지속되는 시간에는 큰 차이가 있다. 즉 증기기관은 선박보다 더 오래 유지되고, 선박은 노동자의 의복보다, 노동자의 의복은 그가 소비하는 음식보다 오래 유지될 것이다.

자본은 급속히 소모되어 빈번히 재생산되어야 하는가, 아니면 천천히 소비되는가에 따라 유동자본 또는 고정자본이라는 항목으로 분류된다.[21] 양조업자는 가치 있고 내구성이 있는 건물과 기계를 갖고 있어서 높은 비율의 고정자본을 사용한다고 할 수 있는 반면에, 제화공은 그의 자본이 주로 임금을 지불하는 데 사용되고 그 임금은 건물과 기계에 비해 소모성이 높은 상품인 음식과 의복에 지출되므로 그의 자본의 큰 부분을 유동자본으로 사용한다고 말할 수 있다.

유동자본은 시간적으로 아주 불규칙하게 순환, 또는 그 사용자에게 회수될 수 있다는 점도 주목해야 한다. 영농자가 씨를 뿌리기 위해 구입한 밀은 제빵업자가 빵을 만들기 위해 구입한 밀에 비해 상대적으로 고정된 자본이다. 영농자는 그것을 땅에 뿌린 뒤 1년간은 아무런 수익도 얻지 못하지만, 제빵업자는 일주일이면 그것을 밀가루로 빻아서 자기 고객에게 빵으로 팔고 자본을 회수해 다시 빵을 만들거나 다른 사업을 시작할 수 있다.

이처럼 두 사업이 동일한 양의 자본을 고용하더라도, 자본은 고정자본과 유동자본의 비율 면에서 아주 다르게 분할될 수 있다.

어떤 사업에서는 유동자본, 즉 노동을 부양하기 위한 자본으로 사용되는 부분이 아주 작을 수 있다―자본이 주로 기계, 도구, 건물 등의 비교적 고정적이고 내구적인 성격의 자본에 투자되는 것이다. 다른 사업에서는 동일한 양의 자본이 사용되지만, 그것이 주로 노동의 부양에 사용되고 도구, 기계, 건물에는 아주 작은 부분이 투자될 수 있다. 노동 임금의 상승은 그렇게 판이한 환경에서 생산된 상품들에 불균등한 영향을 주지 않을 수 없다.

또한 두 제조업자가 같은 양의 고정자본과 같은 양의 유동자본을 사용하더라도 그 고정자본들의 내구성이 아주 불균등할 수 있다. 한 업자는 1만 파운드짜리 증기기관을 가지고 있는 반면, 다른 업자는 같은 가치의 선박을 가지고 있을 수 있다.

사람들이 생산에 기계는 사용하지 않고 노동만 사용하며, 그 상품을 시장에 내는 데 걸린 시간이 모두 같다면, 그 재화의 교환가치는 고용된 노동의 양에 정확히 비례할 것이다.

그들이 가치가 같고 내구성이 같은 고정자본을 사용한다

면, 생산된 상품의 가치도 같을 것이며, 그 가치는 생산에 사용된 노동량의 많고 적음에 따라 변동할 것이다.

그러나 유사한 환경에서 생산된 상품이 각각의 상품을 생산하는 데 필요한 노동량의 증가나 감소 외의 다른 요인에 의해서는 서로에 대해 [상대 가치가] 변동하지 않겠지만, 동일 비율의 고정자본량으로 생산되지 않은 다른 상품과 비교하면, 둘 중 어느 한 상품의 생산에 사용된 노동이 늘어나거나 줄어들지 않더라도 내가 앞서 언급한 다른 요인, 즉 노동의 가치의 상승 때문에 상품의 가치가 변동할 것이다. 보리와 귀리는 임금이 변하더라도 동일한 관계를 지속할 것이다. 면제품과 직물도 정확히 유사한 환경에서 생산된다면 그와 같을 것이지만, 임금이 상승하거나 하락할 때 보리는 면제품과 비교해 가치가 올라가거나 내려갈 것이며, 귀리를 옷과 비교할 때도 마찬가지이다.

두 사람이 두 대의 기계를 제작하는 데 각각 1년 동안 100명의 노동자를 고용하며, 또 다른 사람이 곡물을 경작하는 데 같은 수의 노동자를 고용한다면, 연말에 가서 각 기계는 곡물과 같은 가치를 지닐 것이다. 왜냐하면 그것들은 각자 동일한 노동량으로 생산되었기 때문이다. 기계 한 대의 소유자 한 사람이 그다음 해에 100명의 노동자의 도움을 받아 직물을 제조하는 데 그것을 사용하며, 다른 기계의 소유자는 똑같은 100명의 노동자의 도움을 받아 면제품을 생산하는 데 그것을 사용하는 반면, 영농자는 이전과 마찬가지로 곡물의 경작에 같은 양의 노동을 고용한다고 생각해보자. 이듬해 1년 동안 이들은 모두 같은 양의 노동을 고용했지만, 직물업자의 제품과 기계 및 면제품 제조업자의 제품과 기계는 1년간 고용된 200명의 노동자의 산물이 될 것이다. 또는 100명 노동자의 2년간의 산물이 될 것이다. 반면에 곡물은 100명 노동자의 1년간의 노동을 통해 생산될 것이다. 그 결과 곡물이 500파운드의 가치를 지닌다면 직물업자의 기계와 직물은 합쳐서 1,000파운드의 가치를 지녀야 하며 면제품 제조업자의 기계와 면제품도 합쳐서 곡물 가치의 두 배가 되어야 할 것이다. 그러나 그것들은 곡물 가치의 두 배 이상이 될 것이다. 왜냐하면 직물업자와 면제품 제조업자의 자본에 대한 1년간의 이윤이 그들의 자본에 추가된 반면, 영농자의 그것은 지출되어 소비되어버렸기 때문이다. 그러면 그 자본의 내구성의 정도가 상이하기 때문에, 또는 같은 말로서, 상품 한 묶음이 시장에 나오기까지 경과해야 하는 시간 때문에, 그것들의 가치는 그것에 투하된 노동량에 정확히 비례하지 않게 될 것이며―가장 비싼 상품들이 시장에 보내지기까지 경과해야 하는 시간이 가장 긴 데 대해 보상하기 위해서 그것들(즉 직물과 면직물의 가치)은 2대 1이 아니라 그보다 더 큰 비율이 될 것이다.

각 노동자의 노동에 대해 연간 50파운드가 지불되고, 즉

5,000파운드의 자본이 사용되고, 이윤이 10퍼센트라고 하면, 1차년도 말에 곡물과 각 기계의 가치는 5,500파운드가 될 것이다. 2차년도에 제조업자들과 영농자는 다시 노동〔자〕을 부양하기 위해 각각 5,000파운드를 고용할 것이며, 따라서 다시 그들의 재화를 5,500파운드에 판매할 것이다. 그러나 기계를 사용하는 사람들은 영농자와 동등한 보상을 받기 위해서는 노동에 사용된 동일한 자본 5,000파운드에 대해 5,500파운드를 벌어야 할 뿐만 아니라, 그들이 기계에 투자한 5,500파운드에 대한 이윤으로서 550파운드를 추가로 벌어야 하므로, 결국 그들의 재화는 6,050파운드에 팔려야 한다. 그러면 여기서 자본가들은 그 상품의 생산에 1년간 정확히 같은 양의 노동을 고용하지만, 각자가 고용하는 고정자본의 양, 즉 축적된 노동의 양이 달라짐으로써 그들이 생산하는 재화의 가치가 달라진다. 직물과 면제품은 같은 노동량과 같은 고정자본량의 산물이기 때문에 가치가 같다. 그러나 곡물의 가치는 이들 상품과 같지 않다. 왜냐하면 그것은 고정자본에 관한 한 다른 여건에서 생산되기 때문이다.

그런데 그것들의 상대 가치는 노동 가치의 상승에 어떤 영향을 받을까? 직물과 면제품의 경우 우리가 상정한 여건에서는 어느 한쪽에 영향을 주는 것은 다른 쪽에도 영향을 줄 것이기 때문에, 상대 가치가 어떤 변화도 겪지 않을 것임이 분명하다. 밀과 보리의 경우에도 그것들이 고정자본과 유동자본에 관한 한 동일한 여건에서 생산되기 때문에, 상대 가치가 변화를 겪지 않을 것이다. 그러나 직물 또는 면제품에 대한 곡물의 상대 가치는 노동의 상승에 따라 반드시 변화할 것이다.

이윤의 하락이 없는 노동 가치의 상승은 있을 수 없다. 곡물이 영농자와 노동자 사이에 분할될 경우, 노동자가 받는 비율이 클수록 영농자에게 남는 비율이 작아질 것이다. 마찬가지로 직물이나 면제품이 노동자와 그의 고용주에게 분할될 경우, 노동자가 받는 비율이 클수록 고용주에게 남는 비율이 작아진다. 그런데, 임금의 상승 때문에 이윤율이 10퍼센트에서 9퍼센트로 하락한다면, 제조업자는 자신의 고정자본에 대한 이윤으로 그 재화의 통상적인 가격(5,500파운드)에 550파운드를 추가하는 대신에 그 금액의 9퍼센트, 즉 495파운드를 추가할 것이고, 따라서 가격은 6,050파운드가 아닌 5,995파운드가 될 것이다. 곡물은 여전히 5,500파운드에 팔릴 것이므로 고정자본이 더 많이 사용된 제조품은 곡물에 비해서 또는 고정자본이 적게 들어간 어떤 다른 상품에 비해서도 [가치가] 하락할 것이다. 노동[임금]의 상승이나 하락 때문에 일어나는 재화의 상대 가치의 변화 정도는, 고용된 전체 자본에 대한 고정자본의 비율에 의존할 것이다. 매우 비싼 기계로, 또는 매우 비싼 건물에서 생산되거나, 시장에 출시되기까지 아주 오랜 시간을 필요로 하는 모든 상품은 그 상대 가치가 하락할 것이지만, 노동을 통해 값싸게 생산되었거나 시장에 신속히 출시될 수 있는 모든 상품들은 상대 가치가 상승할 것이다.

그러나 독자는 상품의 〔가치〕 변동의 이러한 원인은 그 효과가 상대적으로 미미하다는 점에 유의해야 한다. 내가 상정했던 여건에서 생산된 재화는, 이윤의 1퍼센트가 하락할 만한 임금 상승이 있을 경우 그 상대 가치가 1퍼센트만 변동한다. 그것들은 그렇게 큰 이윤의 하락에도 6,050파운드에서 5,995파운드로만 하락했다. 임금의 상승으로 이들 재화의 상대 가격에 가해지는 가장 큰 효과도 6 내지 7퍼센트를 넘지 못할 것이다. 왜냐하면 아마 어떤 여건에서도 이윤은 그 정도 크기 이상으로 일반적이고 영구적인 압박을 받아들일 수 없을 것이기 때문이다.

상품 가치 변동의 다른 큰 요인, 즉 그 생산에 필요한 노동량의 증가 또는 감소의 경우에는 그렇지 않다. 만약 곡물을 생산하는 데 100명이 아닌 80명의 노동자가 필요하다면 곡물의 가치는 20퍼센트, 즉 5,500파운드에서 4,400파운드로 하락할 것이다. 직물을 생산하는 데 100명이 아닌 80명의 노동자로 충분하다면 직물은 6,050파운드에서 4,950파운드로 하락할 것이다. 영구적 이윤율이 큰 규모로 변동하는 것은 수년의 과정에서만 작용하는 요인에 의한 효과인 반면에, 상품을 생산하는 데 필요한 노동량의 변화는 매일 일어나는 현

상이다. 기계, 도구, 건물 및 원료 경작의 개량은 모두 노동을 절약해주고, 개량이 적용되는 상품을 우리가 좀 더 쉽게 생산하도록 해주며, 따라서 그 가치는 변화한다. 그러므로 상품 가치의 변동의 원인을 추정할 때 노동(임금)의 상승이나 하락 때문에 발생하는 효과를 완전히 무시하는 것은 잘못이지만, 그것에 너무 큰 중요성을 부여하는 것도 똑같이 옳지 않다. 따라서 나는, 이 책의 나머지 부분에서 가끔씩 이 변동 원인에 대해 언급하기는 하겠지만, 상품의 상대 가치에서 일어나는 모든 큰 변동은 그것을 생산하는 데 그때그때 필요한 노동량의 많고 적음 때문에 일어난다고 간주할 것이다.

생산에 투하되는 노동량이 같더라도 각 상품들이 동시에 시장에 출시되지 못한다면 교환가치가 달라질 것이라는 사실은 더 말할 필요가 없다.

내가 어떤 상품을 생산하는 데 20명의 노동자를 1년간 1,000파운드의 비용으로 고용하고, 연말에 가서 그다음 한 해 동안 동일한 상품을 완료 또는 완성하는 데에 20명을 다시 고용하며, 2년째의 연말에 그것을 시장에 출시한다고 하면, 이윤이 10퍼센트일 경우 내 상품은 2,310파운드에 팔리는 것이 마땅하다. 왜냐하면 나는 첫해에 1,000파운드의 자본을 투입했고, 그다음 해에는 2,100파운드의 자본을 투입했기 때문이다. 또 다른 사람이 정확히 같은 양의 노동을 고용하는데, 그것을 첫해에 모두 고용한다고 해보자. 그는

2,000파운드의 비용으로 40명의 노동자를 고용해, 첫해의 말에 10퍼센트의 이윤을 붙여서 그 상품을 2,200파운드에 판매할 것이다. 따라서 이 두 상품은 그 생산에 투하된 노동량이 정확히 같지만, 하나는 2,310파운드에 팔리고 다른 하나는 2,200파운드에 팔리게 된다.

이 경우는 앞의 경우와는 다르게 보이지만, 사실은 똑같다. 두 경우 모두 한 상품의 가격이 높은 것은 그것이 시장에 출시되기까지 경과해야 하는 시간이 길기 때문이다. 첫 번째 경우 기계와 직물은, 그것에 두 배의 노동량만이 투입되었지만 곡물 가치의 두 배 이상이었다. 두 번째 경우, 한 상품은 그 생산에 더 많은 노동이 고용되지 않았음에도 불구하고 다른 상품에 비해 가치가 더 높다. 가치의 차이는 어느 경우에나 이윤이 자본으로 축적되는 데서 생겨나며, 이윤이 유보되는 시간에 대한 정당한 보상일 뿐이다.

그리하여 자본이 사업에 따라 상이한 고정자본 및 유동자본의 비율로 분할된다는 것이, 노동이 거의 전적으로 생산에 고용될 때 보편적으로 적용할 수 있는 규칙, 즉 상품은 그 생산에 투하된 노동량이 커지거나 작아지지 않는다면 가치가 변하지 않는다는 규칙에 상당한 수정을 가져오는 것 같다. 그럼에도 불구하고 이 절에서는, 노동량의 변동이 없는 상태에서 노동의 가치가 상승하는 것은 고정자본의 고용으로 생산되는 재화의 교환가치를 하락하게 할 것이며, 고정자본의 양이 클수록 더 크게 하락할 것이라는 점이 증명되었다.

5.

가치가 임금의 상승이나 하락에 의해서는 변하지 않는다는 원리는 자본의 내구성의 차이, 그것이 그 고용주에게 회수되는 속도의 차이에 의해서도 수정된다.

앞 절에서 우리는 두 가지 상이한 사업에 투자된 같은 액수의 두 자본에 대해 고정자본과 유동자본의 비율이 균등하지 않다고 가정했는데, 이제 이들 자본의 비율은 같지만 내구성이 균등하지 않다고 생각해보자. 고정자본의 내구성이 떨어지는 데 비례해서 자본은 유동자본의 성격에 근접해간다. 그것은 더 빨리 소모될 것이며, 제조업자의 자본을 유지하기 위해서 그 가치가 더 빨리 재생산될 것이다. 우리가 지금 보았듯이, 한 제조업에서 고정자본이 더 우세할수록, 임금이 상승할 때 그 제조업에서 생산된 상품의 가치가, 유동자본이 우세한 제조업에서 생산된 상품의 가치에 비해 상대적으로 더 낮아진다. 고정자본의 내구성이 작아지고 그것이 유동자본의 성격에 접근하는 데 비례해서 똑같은 결과가 똑같은 원인에 의해 발생할 것이다.

만약 고정자본이 내구성을 갖지 않는다면 그것이 그 본래의 효율성을 유지하기 위해서는 매년 많은 노동량이 필요할 것이다. 그러나 거기에 투하된 노동은 제조된 상품에 실제로 지출된 것으로 간주될 수 있고 따라서 그 노동에 비례하는 가치를 지닐 것임에 틀림없다. 내가 만약 2만 파운드짜리 기계를 갖고 있는데 그것이 아주 적은 노동으로도 상품의 생산에 효율성을 발휘하며 그 기계의 소모와 마멸이 아주 적다면, 그리고 일반 이윤율이 10퍼센트라면, 나는 내 기계를 사용하는 데 2,000파운드 이상을 재화의 가격에 추가하도록 요구하지 않을 것이다. 그러나 만약 그 기계의 소모와 마멸이 크고, 그것을 효율적인 상태로 유지하는 데 연간 50명 이상의 노동량이 필요하다면, 나는 내 재화의 가격에 대해, 다른 재화의 생산에 50명을 고용하고 기계는 전혀 사용하지 않는 다른 제조업자가 획득하는 것과 동일한 추가 가격을 요구할 것이다.

그러나 노동 임금의 상승이, 급속히 소모되는 기계로 생산되는 상품과 완만히 소모되는 기계로 생산되는 상품에 대해 똑같은 영향을 주지는 않을 것이다. 전자를 생산할 때는 많은 노동이 상품 생산에 지속적으로 이전되지만, 후자를 생산할 때는 아주 적은 노동이 이전될 것이다. 그러므로 임금의 상승은 언제나, 아니면 똑같은 말이지만, 이윤의 하락은 언제나 내구성 있는 자본으로 생산되는 상품들의 상대 가치를 낮출 것이고, 소모성 강한 자본으로 생산되는 상품들의 상대 가치를 그에 비례해 올릴 것이다. 임금의 하락은 정확히 그 반대의 효과를 낼 것이다.

나는 이미 고정자본에 다양한 정도의 내구성이 있다고 말한 바 있다—이제 어떤 기계가 특정 사업에 사용되어 사람 100명분의 일을 할 수 있으며 수명이 1년뿐이라고 가정해 보자. 또 기계의 값은 5,000파운드이며, 사람 100명에게 지불될 임금도 연간 5,000파운드라고 가정하면, 제조업자에게는 기계를 사거나 사람을 고용하거나 어느 쪽이든 무차별한 일이 될 것이다. 그러나 노동〔임금〕이 상승하고 따라서 사람 100명의 임금이 연간 5,500파운드에 이른다면, 제조업자는 이제 더 이상 주저하지 않을 것임이 분명하며, 5,000파운드를 주고 기계를 사서 일을 시키는 것이 그에게 이익이 될 것이다. 그러나 노동〔임금〕 상승의 결과, 기계의 가격도 상승해서 5,500파운드가 되지 않을까? 그 기계를 만드는 데 자재가 사용되지 않고 따라서 그 제작자에게 이윤이 지불되지 않는다면 그것의 가격은 상승할 것이다. 예를 들어 만약 기계가 사람 100명의 노동의 산물이고, 각자 50파운드의 임금으로 1년간 일을 하며, 따라서 그 가격이 5,000파운드라고 하면, 임금이 55파운드로 상승할 때 그 가격은 5,500파운드가 되겠지만, 이런 일은 있을 수 없다. 〔실제로는〕 100명 이하의 사람이 고용되며, 그렇지 않고는 그 기계가 5,000파운드에 팔릴 수가 없다. 왜냐하면 5,000파운드 중에서 사람들을 고용한 자재의 이윤이 지불되어야 하기 때문이다. 그러면 85명의 사람이 각자 50파운드, 즉 연간 4,250파운드의 비용으로 고용되고, 기계의 판매가 사람들에게 선불된 임금 이상으로 가져다준 750파운드가 기계공의 자재[22]에 대한 이윤을 구성한다고 가정하자. 임금이 10퍼센트 상승할 때 그는 425파운드의 추가 자본을 사용하지 않을 수 없을 것이며, 따라서 그는 4,250파운드가 아니라 4,675파운드를 사용할 것이고 그가 자신의 기계를 여전히 5,000파운드에 판매한다면 이 자본에 대해 325파운드의 이윤만을 얻을 것이다. 그러나 이것은 모든 제조업자와 자본가들에게 정확히 적용된다. 임금의 상승은 이들 모두에게 영향을 주는 것이다. 그러므로 만약 기계 제작자가 임금 상승의 결과로 그 가격을 올린다면, 기계의 가격이 통상적인 이윤율만을 가져다줄 때까지 비정상적인 자본량이 그 기계의 제작에 투입될 것이다.[23] 그리하여 우리는 임금 상승의 결과로 기계의 가격이 상승하지 않을 것임을 알게 된다.

그러나 제조업자가 전반적으로 임금이 상승할 때에도 자기 상품의 생산비를 올리지 않을 기계를 사용할 수 있을 경우에는, 자신의 제품에 동일한 가격을 계속 부과할 수 있다면 특별한 이득을 누리게 될 것이다. 그러나 우리가 이미 보았듯이 그는 자기 상품의 가격을 낮추지 않으면 안 될 것이며, 그렇지 않으면 자본이 그의 사업에 유입되어 자신의 이윤이 일반적 수준까지 하락하게 될 것이다. 그리하여 대중은 기계 때문에 혜택을 볼 것이다. 이 말없는 일꾼〔즉 기계〕들은 자신들이 대체한 것〔즉 노동자〕과 동일한 화폐가치를 지니는 경우라도 언제나 그 노동자들보다 적은 노동으로 만들어진 것이다. 식량 가격의 상승은 임금을 인상시키지만 기계의 영향 때문에 더 적은 사람들에게 영향을 줄 것이다. 그 영향은 앞의 예에서 보듯이 100명이 아닌 85명의 사람에게 미칠 것이며 그 결과인 절약분은 제조된 상품의 가격 하락으로 그 모습을 드러낸다. 기계나 기계에 의해 만들어진 상품의 실질 가치가 상승한 것이 아니라 기계에 의해 만들어진 모든 상품의 가치가 하락한 것이며, 그 내구도에 비례해 하락한 것이다.

그리하여 기계나 내구 자본이 많이 사용되기 이전 사회의 초기 단계에서는 같은 양의 자본으로 생산된 상품들이 거의 동일한 가치를 지닐 것이며, 그 생산에 필요한 노동량의 많고 적음에 따라 〔가치가〕 상호간에 상대적으로만 상승하거나 하락할 것이다. 그러나 이들 값비싸고 내구성 있는 도구들의 도입 이후에는 같은 양의 자본으로 생산된 상품들이 아주 상이한 가치를 지닐 것이다. 그리고 그 가치가 여전히 상호간에 상대적으로 상승하거나 하락할 것이지만, 생산에 필요한 노동량이 많거나 적어짐에 따라 임금과 이윤의 상승 또는 하락에서 오는, 비록 작지만 또 다른 가치 변동도 있을 것이다. 5,000파운드에 팔리는 재화가 10,000파운드에 팔리는 다른 재화를 생산하는 데 사용된 자본과 같은 양의 자본의 산물이라면 그 제조에 대한 이윤은 동일할 것이다. 그러나 재화들의 가격이 이윤율의 상승이나 하락에 따라 변동하지 않는다면 그 이윤은 동일하지 않을 것이다.

다음의 사실도 분명하다. 어떤 종류의 생산에서든 내구 자본이 사용되는 상품들의 상대 가격은 사용된 자본의 내구도에 비례해 임금과는 정반대로 변화한다. 그 상품들의 상대 가격은 임금이 상승하면 하락하며, 임금이 하락하면 상승한다. 이와 반대로, 가격을 평가하는 데 사용되는 매개물보다 더 적은 고정자본 또는 내구성이 더 적은 고정자본으로 주로 노동에 의해 생산되는 상품들은 임금이 상승하면 〔가격이〕 상승하며, 임금이 하락하면 〔가격이〕 하락한다.

6.

불변의 가치척도에 관하여.

상품들의 상대 가치가 변화했을 때, 그것들 중 어느 것의 실질 가치가 하락했고 어느 것의 실질 가치가 상승했는지를 판별하는 수단이 있으면 좋을 것인데, 이것은 그 상품들을 불변의 표준 가치척도, 즉 그 자체로 여타 상품들이 겪는 어떤 변동에도 영향을 받지 않는 척도와 비교함으로써 가능할 것이다. 이러한 척도를 찾는 것은 불가능하다. 왜냐하면 가치를 판별해야 할 물품과 동일한 변동에 그 자체로 노출되지 않는 상품은 존재하지 않기 때문이다. 즉 그 생산에 필요한 노동이 늘어나거나 줄어들지 않는 상품은 존재하지 않는다. 그러나 어떤 매개물의 가치 변동의 원인이 제거된다고 하더라도―예컨대 화폐를 생산하는 데 언제나 같은 양의 노동이 소요되는 것이 가능하다 하더라도, 화폐는 여전히 완전한 척도, 즉 불변의 가치척도가 될 수 없을 것이다. 왜냐하면, 내가 이미 설명하려고 노력해왔듯이 화폐를 생산하는 데 필요한 고정자본과 우리가 가치의 변동을 판별하고자 하는 여타 상품들을 생산하는 데 필요한 고정자본의 비율이 다르기 때문에, 임금의 상승이나 하락에서 오는 상대적 가치 변동을 피할 수 없기 때문이다. 또 화폐 생산에 사용된 고정자본의 내구도와 그것과 비교될 상품들에 사용되는 고정자본의 내구도가 다르기 때문에―전자를 시장에 내는 데 필요한 시간이 〔가치의〕 변동을 측정해야 할 여타 상품들을 시장에 내는 데 필요한 시간보다 길거나 짧을 수 있기 때문에, 〔앞의 경우와〕 동일한 이유로 변동이 있을 것이다. 이 모든 여건들이 완전히 정확한 가치척도라고 상상할 수 있는 모든 상품들을 부적격으로 만들어버린다.

예를 들어 우리가 금을 척도로 선택한다고 하더라도 그것은 다른 모든 상품과 동일한 가능성하에서 얻어진, 생산에 노동과 고정자본을 필요로 하는 하나의 상품에 지나지 않는다는 것이 분명하다. 다른 모든 상품들처럼 노동을 절약하는 개선이 일어날 수 있으며, 따라서 단순히 생산이 편리해졌다는 것 때문에 다른 상품에 대한 그것의 상대 가치가 하락할 수 있다.

이 변동 원인이 제거되고 동일 양의 금을 획득하는 데 언제나 동일 양의 노동이 필요하다고 가정하더라도 금은 여전히 다른 모든 물품들의 변동을 정확히 판별해주는 완벽한 가치척도가 될 수 없다. 왜냐하면 금은 다른 모든 상품들과 정확히 동일한 고정자본과 유동자본의 조합으로 생산되지 않거나, 시장에 내보내지기 전 정확히 동일한 시간을 요하지 않기 때문이다. 금은 그 자신과 정확히 동일한 여건에서 생산된 모든 물품들에 대해 완전한 가치척도가 되겠지만, 다른 물품들에 대해서는 그럴 수 없다. 예를 들어 금이 직물과 면제품을 생산하는 데 필요하다고 생각되는 것과 동일한 여건에서 생산된다면, 금은 그 상품들에 대해서는 완전한 가치척도가 되겠지만, 더 낮거나 더 높은 비율의 고정자본으로 생산된 곡물이나 석탄, 여타 상품들에 대해서는 그렇지 않을 것이다. 왜냐하면 이미 우리가 증명했듯이, 영구 이윤율의 변화는 언제나 이 모든 상품들을 생산하는 데 고용된 노동량의 변동과 무관하게 그들의 상대 가치에 일정한 영향을 줄 것이기 때문이다. 만약 금이 곡물과 동일한 환경에서 생산되고, 그 환경이 결코 변하지 않더라도, 앞서와 같은 이유로 금은 언제나 직물과 면제품의 완전한 가치척도가 될 수 없을 것이다. 그러므로 금은 물론이고 다른 상품도 모든 물품들의 완전한 가치척도가 될 수 없다. 그러나 내가 이미 언급했듯이 이윤의 변동이 물품들의 상대 가격에 미치는 영향은 비교적 작다. 가장 중요한 영향은 생산에 필요한 노동량의 변화로 일어난다. 그러므로 우리가 이 중요한 변동 원인을 금의 생산에서 제거한다면, 우리는 아마도 이론적으로 상상할 수 있는 것에 가장 근접한 가치의 표준척도를 얻게 될 것이다. 금은 대부분의 상품의 생산에 고용된 두 종류의 자본의 평균량에 가장 근접하는 비율로 생산된 상품이라고 생각할 수 있지 않을까? 이 비율은 두 극단, 즉 고정자본이 거의 사용되지 않는 쪽과 노동이 거의 고용되지 않는 쪽에서 거의 같은 거리로 떨어져 있어서 그 둘 사이의 정확한 평균이 될 수 있지 않을까?

그리하여 내게 불변의 척도에 아주 가까이 근접하는 척도가 있다고 상정하면, 가격과 가치를 평가하는 매개물의 가치가 변할 수 있다는 문제 때문에 늘 당황하는 일 없이 다른 사물들의 변동에 대해 말할 수 있다는 이점이 생긴다.

그러므로 비록 내가 금으로 만든 화폐가 다른 물품들이 겪는 대부분의 변동을 겪는다는 것을 완전히 인정하지만, 이 연구의 목적을 달성하기 위해 나는 그것이 불변이며 따라서 가격의 모든 변동은 내가 말하고 있는 그 상품의 가치의 변동 때문에 일어난 것이라고 가정할 것이다.

이 주제를 끝내기 전에, 애덤 스미스와 그를 추종한 모든 저자들이 내가 아는 한 한 사람의 예외도 없이 노동 가격의 상승은 일률적으로 모든 상품의 가격 상승을 불러올 것이라고 주장했음을 언급해두는 것이 적절할 것이다. 나는, 그런 견해에는 아무 근거가 없으며 임금이 상승할 때 가격을 측정하는 매개물보다 적은 고정자본을 생산에 사용한 상품들의 가격만 상승하고, 많은 고정자본을 사용한 상품들의 가격은 틀림없이 하락할 것이라는 점을 증명하는 데 성공했기를 바란다. 반면에 임금이 하락하면 가격을 측정하는 매개물에 비해 그 생산에 더 작은 비율의 고정자본을 사용하는 상품들은 〔가격이〕 하락하고, 〔고정자본 비율이〕 더 큰 상품들은 모두 틀림없이 가격이 상승할 것이다.

또 지적할 필요가 있는 것은, 내가 한 상품에 1,000파운드어치에 해당하는 노동이 투하되었고 다른 상품에는 2,000파운드어치의 노동력이 투하되었기 때문에 앞의 것은 1,000파운드, 뒤의 것은 2,000파운드의 가치를 지닐 것이라고 말한 것이 아니라, 그 둘의 가치는 서로에 대해 2대 1이 될 것이고 그 비율로 교환될 것이라고 말했다는 것이다. 이 상품들 중 하나가 1,100파운드에 팔리고 다른 하나가 2,200파운드에 팔린다거나 하나가 1,500파운드, 다른 하나가 3,000파운드에 팔린다거나 하는 것은 이 원리의 진실성에 중요하지 않다. 현재로서 나는 이 문제에 대해 탐구하고 있지 않다. 나는 그들의 상대 가치가 그 생산에 투하된 상대적 노동량에 지배될 것이라는 것을 확인할 뿐이다.[24]

7.

언제나 가격을 표현해주는 매개물인 화폐의 가치 변동 또는 화폐가 구매하는 상품의 가치 변동에서 오는 상이한 효과들.

이미 설명했듯이 나는 다른 물품들의 가치의 상대적 변동의 원인을 더욱 뚜렷하게 드러낼 목적으로 때때로 화폐를 가치 불변인 것으로 상정할 것이지만, 재화의 가격이 내가 이미 언급한 원인, 즉 그것들을 생산하는 데 필요한 노동량의 변화 때문에 변동한 데서 오는 효과와 재화의 가격이 화폐 자체의 가치 변화 때문에 변동한 데서 오는 효과가 상이하다는 것을 지적해두는 것이 유용할 것이다.

화폐는 가변적인 상품이기 때문에 종종 화폐가치의 하락

으로 화폐 임금의 상승이 일어날 것이다. 사실 이 원인에서 오는 임금의 상승은 언제나 상품들의 가격 상승을 수반한다. 그러나 그런 경우, 노동과 모든 상품들〔의 가치〕은 서로에 대해 변화하지 않으며 변동은 화폐에 한정된다는 사실이 밝혀질 것이다.

화폐는 외국에서 획득된 상품이고, 모든 문명국들 사이에서 교환의 일반적 매개물이며, 상업과 기계의 개량이 있을 때마다, 그리고 인구 증가로 음식과 생활필수품 획득의 곤란성이 증가할 때마다 다른 비율로 각국에 분배되기 때문에, 끊임없이 변동할 수밖에 없다. 우리는 교환가치와 가격을 규제하는 원리에 대해 말할 때 상품 그 자체에 속하는 변동과 가치를 평가하거나 가격을 표현하는 매개물의 변동으로 일어나는 변동을 잘 구별해야 한다.

화폐의 가치 변동에서 오는 임금의 상승은 가격에 일반적인 효과를 일으키며, 그 때문에 이윤에는 아무런 실질적인 효과를 일으키지 않는다. 반면에 노동자가 더욱 후하게 보상을 받는 상황에 기인한 임금 상승, 혹은 임금으로 구매되는 필수품을 획득하는 데 따르는 곤란성〔의 증대〕에 기인한 임금 상승은, 어떤 경우를 제외하고는 가격을 인상하는 효과를 일으키는 것이 아니라 이윤을 낮추는 효과를 크게 일으킨다. 앞의 경우에는 노동자들의 부양에 바쳐지는 국가의 연간 노동의 비율이 커지지 않고, 뒤의 경우에는 거기에 바쳐지는 비율이 커진다.

우리가 지대, 이윤, 임금의 상승이나 하락을 판단하는 것은 특정 농장 토지의 전 생산물이 지주, 자본가, 노동자의 세 계급 사이에 분배되는 것에 의거하지, 가변적임이 분명한 매개물로 측정된 그 생산물의 가치에 의거하지는 않는다.

우리가 이윤율, 지대율, 임금률을 올바르게 판단할 수 있는 것은, 어느 계급이 획득하는 생산물의 절대량이 아니라 그 생산물을 얻는 데 필요한 노동량에 의거해서이다. 기계와 농업의 개량으로 전 생산물이 두 배가 될 수 있다. 그러나 임금, 지대, 이윤도 두 배가 된다면 이 세 가지는 서로에 대해 이전과 똑같은 비율일 것이고, 어느 것도 상대적으로 변화했다고 말할 수 없을 것이다. 그러나 임금이 이 증가분의 전부를 분배받지 못한다면, 임금이 두 배가 되는 대신에 1.5배만 증가한다면, 지대가 두 배가 아니라 ¾만 증가한다면, 그리고 증가분의 나머지가 이윤으로 간다면, 이윤이 상승한 반면 지대와 임금이 하락했다고 말하는 것이 옳을 것이라고 생각한다. 왜냐하면 이 생산물의 가치를 측정할 불변의 척도가 있다면 우리는 이전에 비해 더 작은 몫의 가치가 노동자와 지주 계급에게 떨어지고 더 큰 몫이 자본가 계급에게 떨어졌음을 발견할 것이기 때문이다. 예를 들어 우리는 상품의 절대량이 두 배가 되었더라도 정확히 이전(과 동일한) 노동량의 생산물임을 발견할 수 있다. 생산된 100개의 모자, 100벌

의 코트, 100쿼터의 곡물 중에서, 이전에

노동자들이 받은 것이	25
지주들이 받은 것이	25
자본가들이 받은 것이	50
	(계) 100

이라고 하자. 그리고 이 상품이 두 배로 생산된 뒤에 각각 100단위의 상품들 중에서

노동자들이 받은 것이 단지	22
지주들이 받은 것이	22
자본가들이 받은 것이	56
	(계) 100

이라고 하자. 그 경우에, 상품이 풍부해진 결과 노동자와 지주에게 지불된 수량이 25에서 44의 비율로 증가하긴 했지만, 임금과 지대가 하락하고 이윤이 상승했다고 말해야 한다. 임금은 코트, 모자, 화폐, 또는 곡물 등으로 표현된 명목 가치가 아니라 실질 가치, 즉 그것들을 생산하는 데 사용된 노동량과 자본량으로 측정되어야 한다. 내가 지금 상정한 여건에서 상품의 가치는 이전의 절반으로 하락했을 것이며, 화폐가 변

하지 않았다면 이전 가격의 절반으로 하락했을 것이다. 그리하여 이 임금이 이전 임금에 비해 노동자에게 더 많은 양의 값싼 상품들을 제공해줄지는 몰라도, 가치가 변하지 않은 이 매개물[즉 화폐]로 측정했을 때 노동자의 임금이 떨어진 것으로 판명된다면 그것은 실질적인 하락이 아닐 수 없다.

화폐가치의 변동은 그것이 아무리 크더라도 이윤율에는 차이를 가져오지 않는다. 왜냐하면, 제조업자의 재화가 1,000파운드에서 2,000파운드로, 즉 100퍼센트 상승한다고 하더라도, 화폐의 변동으로 생산물의 가치와 똑같은 영향을 받는 자본, 즉 기계, 건물, 재고품[의 가격] 역시 100퍼센트 상승한다면 이윤율은 동일할 것이며, 그는 국가 전체의 노동 생산물의 동일 양을 자신의 지배하에 둘 것이기 때문이다.

만약 그가 자본의 가치가 일정한 상태에서 노동을 절약해 생산량을 두 배로 늘릴 수 있고, 따라서 생산물이 이전 가격의 절반으로 하락한다면, 생산물은 이전과 마찬가지로 그것을 생산한 자본과 동일한 비율이 될 것이고, 따라서 이윤은 여전히 동일한 비율로 유지될 것이다.

만약 그가 동일한 자본의 사용으로 생산량을 두 배로 늘리는 동시에 화폐의 가치가 우연한 일로 절반으로 하락한다면, 생산물은 이전에 비해 두 배의 화폐가치로 팔릴 것이다. 그러므로 이 경우에도 생산물의 가치는 자본의 가치에 대해 이전과 동일한 비율일 것이다. 그리고 생산물이 두 배가 되더

라도 지대, 임금 및 이윤은 두 배로 된 이 생산물이 세 계급
사이에 나누어지는 비율이 변하는 만큼만 변화할 것이다.

제2장

지대에 대하여[25]

그러나 토지의 사유화와 그 결과 생겨난 지대가 생산에 필요한 노동량과 무관하게 상품의 상대 가치에 변화를 줄 것인지에 대해서는 여전히 생각해봐야 한다. 주제〔즉 경제학〕의 이 부분을 이해하기 위해서 우리는 지대의 성질과 그것의 상승이나 하락을 규제하는 법칙을 탐구해야 한다.

지대는 대지의 생산물 중에서 토양의 원천적이고 파괴될 수 없는 능력을 사용하는 데 대해 지주에게 지불되는 몫이다. 그러나 그것은 종종 자본의 이자 및 이윤과 혼동되며, 일상 언어에서는 영농자가 지주에게 매년 지불하는 모든 것에 그 용어가 적용된다. 만약 동일한 면적과 동일한 자연적 비옥도를 갖춘 인접한 두 농장 가운데서, 한 곳은 농업용 건물의 모든 편의 시설이 있는 데다가 적절히 배수가 이루어지고 비료가 뿌려지며, 울타리와 목책과 담장으로 잘 구획되어 있는 반면, 다른 곳은 이런 이점이 아무것도 없다면, 자연히 뒤의 것에 비해 앞의 것의 사용에 더 많은 대가가 주어질 것이다. 그럼에도 이 두 경우 모두 이 대가가 지대라고 불릴 것이다. 그러나 분명한 것은 개량된 농장에 매년 지불되는 화폐의 일부만이 토양의 원천적이고 파괴될 수 없는 능력에 대해서 지불될 것이며, 그 나머지 부분은 토지의 질을 개량하고 생산물을 확보하고 보존하는 데 필요한 건물과 같은 것을 세우는 데 투하된 자본의 사용에 대해 지불될 것이라는 점이다. 애덤 스미스는 내가 한정하고자 하는 엄밀한 의미로 지대를 종종 말하기는 하지만, 보통 사용되는 대중적 의미로 말하는 경우가 더 많다. 그는 유럽 남부 국가들의 목재 수요와 그로 인한 [목재의] 높은 가격이, 이전에 지대가 없던 노르웨이의 삼림지에 지대가 지불되게 만들었다고 말한다. 그러나 스미스가 말하는 지대를 지불한 사람이 토지 위에 서 있는 가치 있는 상품을 고려해 그것을 지불했으며, 사실상 목재를 판매한 이윤을 보상받았음이 명백하지 않은가? 실제로 벌목이 이루어진 뒤 미래 수요에 대비해 나무나 여타 생산물을 재배할 목적으로 토지를 사용하는 데 대해 지주에게 어떤 보상이라도 이루어진다면, 그것은 토지의 생산능력에 대해 지불되는 것이므로 지대라고 부르는 것이 옳을 것이다. 그러나 애덤 스미스가 언급한 사례에서, 보상은 나무를 재배할 자유에 대해서가 아니라 나무를 벌채하고 판매할 자유에 대해서 지불된 것이다. 그는 또 석탄 광산과 채석장의 지대에 대해서 언급하는데 여기에도 동일한 논점이 적용된다—

즉 광산이나 채석장에 주어지는 보상은 거기서 제거될 수 있는 석탄이나 석재의 가치에 대해 지불되는 것이며 토지의 원천적이고 파괴될 수 없는 능력과는 아무 관련이 없다. 이것은 지대 및 이윤에 대한 탐구에서 아주 중요한 구별이다. 왜냐하면 지대의 변화를 규제하는 법칙들은 이윤의 변화를 규제하는 법칙들과는 크게 다르며 동일한 방향으로는 거의 작동하지 않기 때문이다. 모든 선진 국가들에서 1년 동안 지주에게 지불되는 것은 지대와 이윤이라는 두 가지 성격 모두를 띠기 때문에 때로는 상반되는 원인의 작용으로 일정하게 유지되기도 하고, 때로는 이 원인들 중 어느 한 가지나 다른 한 가지가 우월해짐에 따라 상승하거나 하락하기도 한다. 그리하여 이 책의 뒷부분에서 토지의 지대에 대해 언급할 때는 언제나, 토지의 원천적이고 파괴될 수 없는 능력의 사용에 대해 토지의 소유자에게 지불되는 보상을 말하는 것이라고 이해되기를 바란다.

한 나라에 사람이 처음 정착할 때는, 기름지고 비옥한 토지가 풍부해 매우 적은 부분만이 현재 인구의 부양을 위해 경작되면 되거나, 아니면 그 인구가 지배할 수 있는 자본으로써 실제로 경작될 수 있기 때문에 지대가 존재하지 않을 것이다. 아직 점유되지 않은 토지가 풍부하고 따라서 누구나 원하는 대로 그것을 경작하기로 선택할 수 있는 때에는 아무도 토지의 사용에 대해 대가를 지불하려고 하지 않을 것이다.

공급과 수요의 일반적 원리에 따르면, 그런 토지에 대해서는 지대가 지불될 수 없을 것이다. 그것은 공기와 물 또는 무한한 양이 존재하는 다른 자연의 선물에 대해서는 왜 아무것도 지불되지 않는가에 대해 아래에 말할 이유 때문이다. 엔진은 일정한 양의 원자재를 갖고 대기의 압력과 증기의 반발력의 도움으로 작업을 수행하며 인간의 노동을 아주 크게 절약시켜준다. 그러나 이 자연의 원조는 고갈되지 않으며 모든 사람이 사용할 수 있기 때문에 이것을 사용하는 데에는 아무 요금도 부과되지 않는다. 똑같은 방식으로 양조업자, 증류업자, 염색업자는 그들의 상품을 생산하는 데 공기와 물을 끊임없이 사용하지만, 공기와 물은 공급이 무한하기 때문에 아무런 가격도 매겨지지 않는다.[26] 모든 토지가 동일한 속성으로 이루어져 있다면, 양적으로 무한하고 질적으로 균일하다면, 그것이 특별한 위치상의 이점이 없는 한, 그 사용에 대해 어떤 요금도 부과될 수 없을 것이다. 그러므로 토지의 사용에 대해 지대가 조금이라도 지불되는 것은 토지가 양적으로 무한하지 않고 질적으로 균일하지 않기 때문이며, 인구가 증가하면서 질이 열등한 토지 또는 위치상의 이점이 적은 토지가 경작되어야 하기 때문이다. 사회가 발전하면서 2급 비옥도의 토지가 경작되면 1급 질의 토지에서 지대가 즉각 발생하며, 이 지대의 크기는 이 두 종류의 토지의 질적 차이에 따라 달라질 것이다.

3급 질의 토지가 경작되면 2급 질의 토지에서 즉각 지대가 발생하며, 그것 역시 앞서와 마찬가지로 생산 능력의 차이의 규제를 받는다. 그와 동시에 1급 토지의 지대는 상승할 것이다. 왜냐하면 1급 토지와 2급 토지가 주어진 양의 자본과 노동으로 생산해내는 생산물의 차이만큼 1급 토지의 지대는 언제나 2급 토지의 그것보다 높아야 할 것이기 때문이다. 인구가 증가할 때마다 그 나라는 식량 공급을 늘리기 위해 더 낮은 질의 토지에까지 의존하지 않을 수 없게 될 것이기 때문에, 더 비옥한 모든 토지에서 지대는 상승할 것이다.

그리하여 1급, 2급, 3급 토지가 동일 양의 자본과 노동을 고용해 각각 곡물 100쿼터, 90쿼터, 80쿼터의 순생산물을 산출한다고 하자. 인구에 비해 비옥한 토지가 풍부하고 따라서 1급지만 경작할 필요가 있는 신생국에서는 순생산물 전부가 경작자의 것이 될 것이며 〔순생산물〕전부가 그가 전대[27]한 자재의 이윤이 될 것이다. 인구가 크게 증가해, 노동자 부양에 필요한 것을 제하고 난 뒤 얻는 것이 90쿼터밖에 안 되는 2급지를 경작해야 하게 되면, 곧바로 1급지에서 지대가 발생한다. 왜냐하면 1급지에서 〔이윤이 아닌〕 다른 목적으로 10쿼터의 가치가 회수되지 않으면, 농업 자본에 대해 두 개의 이윤율이 존재하는 것이 되기 때문이다. 토지 소유자든 어떤 다른 사람이든 1급지를 경작하면, 이 10쿼터는 똑같이 지대가 된다. 왜냐하면 2급지 경작자는 1급지를 경작해 10쿼터를 지대로 지불하든, 지대를 지불하지 않고 2급지를 계속 경작하든 자신의 자본으로 동일한 결과를 얻을 것이기 때문이다. 똑같은 방식으로 3급지가 경작에 들어가면 2급지의 지대는 10쿼터, 또는 10쿼터의 가치가 되어야 하며, 1급지의 지대는 20쿼터로 늘어날 것이다. 왜냐하면 3급지의 경작자는 1급지의 지대로 20쿼터를 지불하든, 2급지의 지대로 10쿼터를 지불하든, 지대를 전혀 내지 않고 3급지를 경작하든 동일한 이윤을 얻을 것이기 때문이다.[28]

2급지, 3급지, 4급지, 또는 여타 열등지가 경작에 들어가기 전에 기존의 경작지에 자본이 더 투입되어 생산성이 높아지는 것은 자주, 그리고 실제로 흔하게 일어나는 일이다. 1급지에 본래 자본의 두 배를 투입하면, 생산물이 두 배 또는 100쿼터만큼 늘어나지는 않겠지만 85쿼터만큼 늘어나는 일은 아마 찾아볼 수 있을 것이다. 그리고 이 수확량이 3급지에 동일 양의 자본을 투입해 얻을 수 있는 것을 초과하는 일도 찾아볼 수 있을 것이다.

그런 경우 자본을 기존 토지에 투입하는 것이 선호될 것이며, 이때에도 지대가 생겨날 것이다. 왜냐하면 지대는 언제나 두 가지 동일 양의 자본과 노동을 투입해 얻는 생산물의 차이이기 때문이다. 한 영농자가 1,000파운드의 자본으로 토지에서 100쿼터의 밀을 얻고 또 다른 1,000파운드의 자본을 투입해 85쿼터의 추가 수확을 얻는다면 그의 지주는 임대차

계약 만료 시에 추가 지대로 15쿼터 또는 그에 상응하는 가치를 요구할 수 있을 것이다. 왜냐하면 두 가지 이윤율은 존재할 수 없기 때문이다. 만약 그가 자신의 두 번째 1,000파운드에 대해 수익이 15쿼터 감소하는 데 만족한다면 그것은 그보다 더 수익성이 높은 〔자본의〕 사용처를 찾을 수 없기 때문이다. 일반적인 이윤율은 그 비율로 되어 있을 것이며, 원래의 영농자가 그 이윤율을 초과하는 모든 것을 그 이윤 획득을 가능케 해준 토지의 소유자에게 지불하는 것을 거부한다면, 토지 소유자는 그렇게 하려고 하는 다른 사람을 찾으면 될 것이다.

이 경우에도 다른 경우와 마찬가지로 최후로 투입된 자본은 지대를 지불하지 않는다. 최초의 1,000파운드가 보유한 한층 높은 생산력에 대해서는 15쿼터가 지대로 지불되지만, 두 번째 1,000파운드의 투입에 대해서는 어떤 지대도 지불되지 않는다. 만약 세 번째 1,000파운드가 동일한 토지에 투입되어 75쿼터의 수확을 얻는다면, 두 번째 1,000파운드에 대해서 지대가 지불될 것이며, 그것은 이 두 자본의 생산물의 차이, 즉 10쿼터가 될 것이다. 그리고 이와 동시에 최초의 1,000파운드에 대한 지대는 15쿼터에서 25쿼터로 상승할 것이다. 그러나 최후의 1,000파운드는 지대를 전혀 지불하지 않을 것이다.

그리하여 만약 증가하는 인구를 위한 식량의 생산에 필요한 것 이상으로 질 좋은 토지가 풍부하게 존재하거나, 또는 기존 토지에 대해 수확 체감 없이 자본이 무한하게 투입될 수 있다면, 지대의 상승은 있을 수 없을 것이다. 왜냐하면 지대는 언제나 추가 노동량을 투입해 비례적으로 적은 수확을 얻는 데서 발생하는 것이기 때문이다.

〔여러 등급의 토지 중에서〕 가장 비옥하고 가장 위치가 좋은 토지가 먼저 경작될 것이며, 그 생산물의 교환가치는 다른 모든 상품의 교환가치와 마찬가지 방식으로 처음부터 끝까지, 즉 그것을 생산해 시장에 내보내는 데 필요한 다양한 노동의 총량에 따라 결정될 것이다. 열등한 질의 토지가 경작에 들어가면 농산물을 생산하는 데 노동이 더 필요하게 되기 때문에, 그 교환가치는 상승할 것이다.

모든 상품의 교환가치는, 그것이 제조품이든, 광산의 산물이든, 또는 토지의 산물이든, 남다른 생산 편리성을 갖고 있는 사람들만이 누릴 수 있는 가장 유리한 조건에서 생산에 필요한 비교적 적은 노동량에 규제되는 것이 아니라, 그러한 역량이 없으며 가장 불리한 조건에서 계속 그것을 생산해야 하는 사람들에 의해서 그 생산에 반드시 고용해야 하는 비교적 많은 양의 노동에 언제나 규제된다. 여기서 가장 불리한 여건이란 생산물의 일정량이 필요하기 때문에 생산에 들어가지 않을 수 없는 가장 불리한 상황을 의미한다.

그리하여 빈민들이 후원자들의 기금으로 일하게 되어 있

는 자선 기관에서도, 그러한 노동의 산물인 상품의 일반 가격은 직공들이 이용할 수 있는 남다른 편리성에 지배되는 것이 아니라, 다른 모든 제조업자들이 만나게 될 공통의 통상적인 자연적 곤란성에 지배될 것이다. 만약 이런 유리한 직공들이 제공하는 공급량이 사회의 모든 욕구와 일치한다면, 이런 편리성을 전혀 누릴 수 없는 제조업자는 정말 완전히 시장에서 쫓겨날 것이다. 그렇지 않고 만약 그가 사업을 계속한다면, 그것은 그가 거기서 자재에 대한 통상적이고 일반적인 이윤율을 이끌어낸다는 조건하에서만 가능할 것이다. 그리고 그런 일은 그의 상품이 생산에 투입된 노동량에 비례하는 가격으로 판매될 때에만 일어날 수 있을 것이다.[29]

사실, 최상의 토지에서는 동일한 생산물이 여전히 이전과 동일한 노동으로 획득될 것이지만, 비옥도가 낮은 토지에 새로운 노동과 자재를 투입한 사람들의 수확이 체감遞減한 결과, 그〔최상의 토지의 생산물의〕 가치는 상승할 것이다. 그렇다면 비옥한 토지가 열등한 토지에 대해 갖는 이점들은 어떤 경우에도 상실되지 않고 다만 경작자 또는 소비자에게서 지주에게로 이전될 뿐임에도 불구하고, 우리가 농산물의 추가 공급을 확보할 수 있는 것은 오로지 그 토지 때문이므로, 그 농산물의 비교가치는 이전 수준보다 계속 높게 유지될 것이고, 따라서 생산에 그러한 추가 노동량이 필요치 않은 모자, 의복, 신발 등등의 더 많은 양과 그것〔즉 농산물〕이 교환될 수 있게 해줄 것이다.

그러므로 농산물의 비교가치가 상승하는 것은, 수확된 마지막 부분의 생산에 더 많은 노동이 고용되었기 때문이지, 지대가 지주에게 지불되기 때문이 아니다. 곡물의 가치는 지대를 지불하지 않는 그 등급의 토지[30] 또는 그 자본 1단위에서의 생산에 고용된 노동량에 의해 규제된다. 지대가 높기 때문에 곡물이 비싼 것이 아니라, 곡물의 가격이 높기 때문에 지대가 지불되는 것이다. 그리고 지주가 그 지대를 모두 포기한다고 하더라도 곡물의 가격이 전혀 하락하지 않을 것이라는 지금까지의 주장은 올바르다.[31] 그러한 조치는 일부 영농자들이 지주처럼 살도록 해줄 수 있을 뿐이고, 경작되는 것 중 생산성이 가장 낮은 토지에서 농산물을 재배하는 데 필요한 노동량을 줄여주지는 않을 것이다.

토지가 지대의 형태로 산출해내는 잉여 때문에 토지가 유용 생산물의 여타 모든 원천에 비해 우월하다는 말보다 듣기 쉬운 것은 없다. 그러나 토지가 가장 풍부하고 가장 생산성이 높고 가장 비옥할 때 토지는 지대를 산출해내지 않는다. 그리고 더 비옥한 (토지) 필지의 원래 생산물의 일부가 지대 몫으로 배분되는 것은 생산력이 쇠퇴하고 노동에 대한 대가로 주어지는 것이 더 적어질 때뿐이다. 제조업자들을 지원하는 자연력과 비교하면 결함으로 인식되었어야 할 토지의 이런 성질이 토지의 독특한 우수성으로 지적되어온 것은 기이

한 일이다. 만약 공기, 물, 증기의 탄력성, 대기의 기압이 다양한 품질로 이루어져 있다면, 또 그것들이 점유될 수 있고, 각 품질이 적당한 양만큼만 존재한다면, 이것들도 여러 품질의 것들이 차례로 사용됨에 따라 토지와 마찬가지로 지대를 낳을 것이다. 한 등급 낮은 품질의 것이 투입될 때마다 그것을 사용해 제조되는 상품의 가치는 상승할 것이다. 왜냐하면 동일 노동량이라 하더라도 생산성이 떨어지기 때문이다. 사람은 땀 흘려 일을 더 하겠지만 자연은 더 적은 성과를 내며, 토지는 그 한정된 능력 때문에 더 이상 탁월한 것이 되지 못할 것이다.

토지가 지대의 형태로 산출해내는 잉여 생산물이 하나의 이점이라면, 매년 새로 만들어지는 기계는 이전의 것보다 덜 효율적이게 하는 것이 바람직하다. 왜냐하면 그렇게 하는 것이 의심할 나위 없이, 그 기계를 비롯한 왕국의 모든 다른 기계에 의해서 제조되는 재화에 더 큰 교환가치를 부여할 것이기 때문이다. 지대는 생산성이 가장 큰 기계를 소유한 모든 사람들에게 지불될 것이다.[32]

지대의 상승은 언제나 국부가 증가한 결과이고, 늘어난 인구에 식량을 공급하는 곤란성의 결과이다. 그것은 부의 증상이지 결코 원인이 아니다. 왜냐하면 부는 지대가 정체 상태에 있거나 심지어 떨어질 때에도 가장 빠르게 증가하는 일이 종종 있기 때문이다. 부는 처분 가능한 토지가 가장 비옥한 나라에서 가장 빠르게 증가한다. 이런 나라에서는 수입이 최소한으로 제한되고, 농업의 개량을 통해 노동량의 비례적 증가 없이도 생산을 늘릴 수 있으며, 그 결과 지대의 증가가 완만하다.

곡물의 높은 가격이 지대의 원인이 아니라 결과라면, 가격은 지대가 높거나 낮은 데 비례해서 영향을 받을 것이며, 지대는 가격 구성 부분의 하나가 될 것이다. 그러나 최대의 노동량으로 생산되는 곡물[33]이 곡물 가격의 규제자이고, 이때 지대는 그 가격의 구성 부분으로서 조금도 참여하지 않으며 그럴 수도 없다.[34] 그러므로 애덤 스미스가 상품의 교환가치를 규제하는 원래의 법칙, 즉 상품 생산의 비교 노동량[이라는 법칙]이 토지의 점유와 지대의 지불에 의해 조금이라도 수정될 수 있다고 생각한 것은 옳을 수가 없다. 원자재는 대부분의 상품의 구성에 참여하지만, 그 원자재의 가치는 곡물과 마찬가지로 토지에 최후로 투입되어 지대를 지불하지 않는 자본 1단위의 생산성에 의해 규제된다. 그러므로 지대는 상품 가격의 구성 부분이 아니다.

우리는 지금까지, 토지가 다양한 생산력을 보이는 나라에서 부와 인구의 자연적 진전이 지대에 미치는 영향에 대해 고찰해왔다. 그리고 우리는 생산의 수확이 떨어지는 토지에 추가 자본이 투입되어야 할 때마다 지대가 상승할 것임을 보았다. 동일한 원리에서, 토지에 동일 양의 자본을 투하할 필요가 없게 만들고 따라서 최후로 투입된 단위를 더 생산적이게 만드는 사회의 상황은 그 어떤 것이든 지대를 낮출 것이라는 결론이 나온다. 한 나라의 자본이 크게 감소하면, 언제나 그것은 노동의 유지를 목적으로 한 기금을 실질적으로 감소시켜서 자연스럽게 이러한 효과를 발휘할 것이다. 인구는 그것을 고용하기로 되어 있는 기금에 의해 스스로 규제되며, 따라서 언제나 자본의 증가 또는 감소에 따라 증가하거나 감소한다. 그러므로 자본의 감소는 언제나 반드시 곡물에 대한 유효 수요의 감소, 가격의 하락, 경작의 감소를 수반한다. 자본의 축적이 지대를 상승시키는 것과 정반대의 이치로, 자본의 감소는 지대를 하락시킬 것이다. 비생산적인 등급의 토지가 차례로 탈락하고, 생산물의 교환가치가 떨어질 것이며, 우수한 등급의 토지가 마지막으로 경작되는, 따라서 지대를 전혀 지불하지 않는 토지가 될 것이다.

그러나 한 나라의 부와 인구가 증가하더라도, 더 빈약한 토지를 경작할 필요성을 감소시키거나 더욱 비옥한 토지 1필지의 경작에 동일한 양의 자본을 지출하는 것과 동일한 효과가 있을 만한 농업상의 뚜렷한 개량이 〔부와 인구의〕 증가에 수반된다면, 〔위에 말한 것과〕 동일한 결과가 일어날 것이다.

만약 주어진 인구의 부양에 곡물 100만 쿼터가 필요하고, 그것이 1급지, 2급지, 3급지에서 재배된다면, 그리고 나중에 [개량] 농법이 발견되어 3급지를 쓰지 않고 1, 2급지에서 그것이 재배될 수 있다면, 그 즉각적인 효과가 지대의 하락이 될 것임에 틀림없다. 왜냐하면 그 경우 2급지가 3급지 대신에 지대를 지불하지 않고 경작될 것이며, 1급지의 지대는 3급지 생산물와 1급지 생산물 간의 차이가 아니라, 단지 2급지와 1급지 간의 차이가 될 것이기 때문이다. 인구가 동일하고 더 늘어나지 않으면, 곡물 추가량에 대한 수요는 더 이상 없을 것이다. 3급지에 고용된 자본과 노동은 사회에 바람직한 다른 상품의 생산에 투입될 것이며, 그 상품들의 원료가 되는 원자재가 토지에 자본을 덜 유리하게 투입해 3급지가 다시 경작되어야만 획득될 수 있는 경우가 아니라면, 그것은 지대를 올리는 효과를 발휘하지 못할 것이다.

농업의 개량의 결과, 또는 오히려 농업 생산에 노동이 적게 투하된 결과로 인한 농산물의 상대 가격의 하락이 당연히 축적의 증가를 가져올 것임은 의심할 여지가 없는 사실이다. 왜냐하면 자재의 이윤이 크게 증가할 것이기 때문이다. 이 축적은 노동에 대한 수요의 증가, 임금의 상승, 인구의 증가, 농산물에 대한 수요의 증가, 그리고 경작의 증가를 불러온다. 그러나 지대가 이전과 같이 높아지는 것은 인구의 증가가 있고 난 이후, 즉 3급지가 경작에 들어간 이후에야 가능하다. 그에 앞서 지대의 명확한 감소가 수반되는 상당한 기간이 경과할 것이다.

그런데 농업의 개량에는 두 종류가 있다. 첫째는 토지의 생산력을 증대시키는 것이고, 둘째는 기계를 개량함으로써 더 적은 노동으로 그 생산물을 얻을 수 있게 해주는 것이다. 이 둘은 모두 농산물 가격을 하락시킨다. 이 둘은 모두 지대에 영향을 주지만, 똑같이 영향을 주는 것은 아니다. 만약 그 개량으로 농산물 가격이 하락하지 않는다면 그것은 개량이라고 할 수 없다. 왜냐하면 이전에 한 상품을 생산하는 데 필요했던 노동량을 감소시키는 것이 개량의 근본 성질이며, 이 감소는 가격 또는 상대 가치의 하락 없이는 일어날 수 없기 때문이다.

토지의 생산력을 높이는 개량이란 작물 윤작 기술의 향상이나 더 좋은 비료의 선택과 같은 것이다. 이러한 개량은 절대적으로 더 적은 양의 토지로 동일한 생산물을 얻을 수 있게 해준다. 만약 순무 재배법의 도입으로 곡물을 재배할 뿐만 아니라 양¥까지 키울 수 있다면, 이전에 양을 먹이던 토지가 불필요해지며 더 적은 양의 토지를 사용해 동일 양의 농산물을 생산할 수 있게 된다. 만약 내가 토지 한 필지로 곡물을 20퍼센트 더 생산하게 해주는 비료를 발견한다면, 나는 내 농장의 가장 비생산적인 부분에서 적어도 내 자본 1단위를 회수할 수 있을 것이다. 그러나 이전에 내가 말한 대로 지대를 줄이기 위해 토지가 휴경될 필요는 없다. 지대를 줄이는 효과를 내기 위해서는, 동일한 토지에 연속적으로 투입되는 자본 단위들이 상이한 수확량을 내고, 최소의 수확량을 내는 자본 단위가 회수되는 것으로 충분하다. 만약 내가 순무 농법을 도입하거나 좀 더 기름진 비료를 사용해 더 적은 자본으로, 또 연속적인 자본 단위들의 생산력 격차를 교란하지 않고 동일한 생산물을 수확할 수 있다면, 나는 지대를 낮출 것이다. 왜냐하면, 더욱 생산적인 다른 [자본] 단위가 다른 모든 단위를 측정하는 기준이 될 것이기 때문이다.

만약 예를 들어 연속적인 자본 단위들이 각각 100, 90, 80, 70을 생산한다면, 내가 이 네 단위를 투입하는 동안 나의 지대는 60이 될 것이며, 생산물은 340이 될 것이다.

지대	생산물
70과 100의 차이 = 30	100
70과 90의 차이 = 20	90
70과 80의 차이 = 10	80
(계) 60	70
	(계) 340

그리고 내가 이 [자본] 단위들을 투입하는 동안, 각 단위들의 생산물이 똑같이 증가하더라도 지대는 동일하게 유지될 것이다. 만약 생산물이 100, 90, 80, 70이 아니라 125, 115, 105, 95로 늘어난다 하더라도, 지대는 여전히 60이 될 것이며, 생산물은 440이 될 것이다.

지대	생산물
95와 125의 차이=30	125
95와 115의 차이=20	115
95와 105의 차이=10	105
(계) 60	95
	(계) 440

그러나 생산물이 그렇게 증가하는데 수요의 증가가 없다면, 토지에 그렇게 많은 자본을 투입할 아무런 유인도 있을 수 없을 것이다.[35] 한 단위가 회수될 것이며, 따라서 자본의 최종 단위는 95가 아니라 105를 산출할 것이고, 지대는 30이 될 것이며, 생산물은 여전히 인구의 필요를 충족시키는 데 충분할 것이다. 왜냐하면 생산물이 345쿼터가 되고, 수요는 340쿼터에 대해서만 있을 것이기 때문이다―그러나 〔개량 중에는〕 토지의 화폐 지대를 낮추기는 하겠지만 곡물 지대는 낮추지 않고 생산물의 상대 가치를 낮추는 개량이 있

지대	생산물
105와 125의 차이=20	125
105와 115의 차이=10	115
(계) 30	105
	(계) 345

다. 그러한 개량은 토지의 생산력을 높이는 것이 아니라, 우리가 더 적은 노동으로 그 생산물을 수확할 수 있게 해준다. 이런 개량은 토지의 경작 그 자체보다는 토지에 투입되는 자본의 형성에 기여하는 것이다. 쟁기나 탈곡기 같은 농기구의 개량, 경작에 투입되는 말[馬]의 절약, 수의학 지식의 향상 등이 이런 성질의 것이다. [이 경우에] 더 적은 노동과 동일한 것으로서, 더 적은 자본이 토지에 투입될 것이다. 그러나 동일한 생산물을 수확하기 위해 더 적은 토지가 경작될 수는 없다. 그런데 이런 종류의 개량이 곡물 지대에 어떻게 영향을 줄 것인가는, 상이한 자본 단위의 투입으로 획득되는 생산물 간의 격차가 증가하는가, 동일 수준을 유지하는가, 아니면 감소하는가에 달려 있음에 틀림없다. 만약 네 단위의 자본, 즉 50, 60, 70, 80이 토지에 투입되고, 각각이 동일한 수확량을 가져다주며, 그러한 자본의 형성에 개량이 있어서 내가 각각에서 5를 회수할 수 있게 됨으로써 그것들이 각각 45, 55, 65, 75가 되었다면, 곡물 지대에는 아무런 변화가 일어나지 않을 것이다. 그러나 만약 그 개량이 가장 비생산적으로 투입된 자본 단위 전체를 절약할 수 있게 해주는 것이라면 곡물 지대는 즉각 하락할 것이다. 왜냐하면 가장 생산적인 자본과 가장 비생산적인 자본 간의 격차가 감소할 것이고 이 차이가 지대를 구성하는 것이기 때문이다.

예를 중언부언하지 않더라도, 동일한 또는 새로운 토지에 투입되는 연속적인 자본 단위에서 수확되는 생산물의 불균등성을 줄이는 것이면 무엇이든 지대를 낮추는 경향이 있고, 그 불균등성을 늘리는 것이면 무엇이든 반드시 그 반대의 효과를 가져와서 지대를 올리는 경향이 있다는 것을 보여주기에 충분한 설명이 이루어졌기를 희망한다.

지주의 지대를 말할 때 우리는 그것이 주어진 농장에서 주어진 자본으로 수확되는 생산물의 비율이라고 간주해왔고, 그 교환가치에 대해서는 전혀 언급하지 않았다. 그러나 동일한 원인, 즉 생산의 곤란성은 농산물의 교환가치를 인상시키며, 지주에게 지대로 지불되는 농산물의 비율을 인상시키기 때문에, 지주는 생산의 곤란성으로 이중의 혜택을 봄이 틀림없다. 첫째로 그는 더 큰 몫을 차지하며, 둘째로 그가 받는 상품의 가치가 더 커진다.[36]

제 4 장

자연 가격 및
시장 가격에 대하여

우리가 노동을 상품 가치의 기초로 생각하고, 생산에 필요한 비교 노동량을 각 재화가 서로 교환될 때 주어지는 각각의 재화의 양을 결정하는 법칙으로 생각한다고 할 때, 우리가 상품의 실제 가격, 즉 시장 가격이 이 가격, 즉 그 본래의 자연 가격으로부터 우연적이고 일시적으로 벗어나는 것을 부인하는 것으로 생각되어서는 안 된다.

일상적인 사태 흐름에서는, 제법 긴 시간 동안 정확히 인류의 욕구와 소망이 요구하는 만큼만 지속적으로 공급되는 상품이란 없으며, 따라서 우연적이고 일시적인 가격 변동을 겪지 않는 상품이란 없다.

자본이 수요가 발생한 여러 가지 상품의 생산에 정확히 꼭 필요한 양만큼만 배분되는 것은 오로지 그러한 변동의 결과이다. 가격의 상승이나 하락에 따라 이윤은 그 일반 수준 이상으로 인상되거나 그 이하로 인하되며, 자본은 그 변동이 일어난 특정 사용처로 진입하도록 장려되거나 거기서 떠나도록 경고를 받는다.

　사람은 누구나 자기가 원하는 곳에 자신의 자본을 투입할 자유가 있지만, 당연히 자본에 가장 유리한 사용처를 모색할 것이다. 만약 그가 자본을 이동시킴으로써 15퍼센트의 이윤을 얻을 수 있다면, 그는 당연히 10퍼센트의 이윤에는 만족하지 못할 것이다. 더 유리한 사업을 위해 수익성이 더 낮은 사업을 중단하고자 하는 모든 자재 사용자 측의 이러한 부단한 욕구는, 모든 사업의 이윤율을 균등화하려는, 또는 어떤 사업이 다른 사업에 비해 우위성을 확보할 수 있거나 확보한 것으로 관련자들이 평가하는 그 비율로 이윤율을 고정시키는 경향이 강하다. 이러한 변화가 일어나는 단계를 추적하는 것은 아마도 매우 어려울 것이다. 그것은 아마도, 자신의 사업은 절대로 바꾸지 않고 그 사업에 투입한 자본의 양만 줄이는 제조업자가 이룰 것이다. 모든 부유한 나라에는 소위 화폐 자산가 계급을 형성하는 사람들이 많이 있다. 이 사람들은 사업에는 관여하지 않고, 그 화폐—이것은 어음을 할인하거나 사회의 더 근면한 사람들에 대한 대부에 운용된다—의 이자로 먹고산다. 은행가들 역시 똑같은 목적으로 대자본을 운용한다. 그렇게 운용되는 자본은 대량의 유동자본이 되며, 한 나라의 모든 다양한 사업 분야에서 크고 작은 비율로 운용된다. 아무리 부유하더라도 자신의 사업을 자기 자금이 허용하는 만큼만으로 한정하는 제조업자는 아마 없을 것이다. 즉 그는 일정량의 부동 자금을 항상 갖고 있으며, 이것은 그의 상품에 대한 수요의 활력에 따라 늘어나기도 하고 줄어들기도 한다. 비단에 대한 수요가 증가하고 모직물에 대한 수요가 줄어들면, 모직물업자는 자신의 자본을 비단 사업으로 이동시키는 것이 아니라, 자신의 노동자 일부를 해고하고 은행가와 화폐 자산가로부터의 대부금에 대한 수요를 중단한다. 비단 제조업자의 경우는 그 반대이다. 즉 그는 노동자를 더 고용하려고 하며, 따라서 그의 차입 동기는 커진다. 그는 차입을 늘리고, 따라서 한 제조업자가 자신의 일상 직업을 중단하지 않고도 자본이 한 부문에서 다른 부문으로 이전된다. 우리가 어떤 큰 도시의 시장에 주목해, 기호의 변덕이나 인구의 변화에서 오는 가변적인 수요라는 모든 상황에서, 지나치게 풍부한 공급으로 인한 공급 과잉이라는 결과, 또는 공급이 수요에 못 미침으로 인한 엄청나게 높은 가격이라는 결과를 종종 가져오지 않고도, 도시가 필요한 양만큼 국산품과 외국 상품을 정기적으로 공급받는 것을 관찰해보면, 자본이 각 사업에 필요로 하는 양만큼 정확하게 배분되는 원리가 일반적으로 생각하는 것보다 더 유효하다는 것을 인정하지 않을 수 없다.

자본가는 자신의 자금에 대한 수익성 있는 용도를 찾을 때, 당연히 한 직업이 다른 직업보다 유리한 이점을 모두 고려할 것이다. 그러므로 그는 한 용도가 다른 용도에 대해 가질 수 있는 안전성, 청결성, 편리성, 또는 기타 모든 실질적 또는 관념상의 이점[37]을 고려해 자신의 화폐 이윤의 일부를 포기하려고 할 것이다.

만약 이러한 사정들을 고려해 자재의 이윤이 한 사업에서는 20, 다른 데서는 25, 또 다른 데서는 30퍼센트로 조정된다면, 아마도 그것은 그 상대적인 차이만큼, 그리고 그 차이만큼만으로 영구적으로 지속될 것이다. 왜냐하면 어떤 이유로 이 사업들 중 어느 하나의 이윤이 10퍼센트만큼 상승하더라도, 이 이윤이 일시적이어서 곧바로 그 통상적인 상태로 다시 하락하거나, 아니면 다른 사업들의 이윤이 동일한 비율로 인상될 것이기 때문이다.

현 시기는 이러한 주장의 정당성에 대한 예외 중의 하나인 것으로 보인다. 전쟁의 종식으로 유럽에서 이전에 〔자본의〕 용도들 사이에 존재하던 격차가 흩트려져버렸기 때문에, 지금 필요한 새로운 격차에서 모든 자본가들이 자신의 자리를 아직 찾지 못했다.

모든 상품이 자연 가격 수준에 있고, 따라서 모든 부문에서 자본의 이윤이 정확히 동일한 비율로 되어 있거나, 아니면 관련자들이 그 부문들이 보유하고 있거나 포기하는 실질적인 또는 관념상의 모든 이점에 상응한다고 평가하는 것만큼만 그 자본의 이윤이 다르다고 생각해보자. 이제 패션의 변화가 비단에 대한 수요를 증가시키고 모직물에 대한 수요를 감소시켰다고 생각해보자. 그러면 비단과 모직물의 자연 가격, 즉 비단과 모직물의 생산에 필요한 노동량은 변하지 않겠지만, 비단의 시장 가격은 상승할 것이고 모직물의 시장 가격은 하락할 것이다. 그리고 그 결과로 비단 제조업자의 이윤은 조정된 일반적인 이윤율보다 높아지는 반면에 모직물 제조업자의 그것은 그보다 낮아질 것이다. 이들 부문에서는 이윤뿐만 아니라 노동자의 임금도 영향을 받을 것이다. 그러나 이렇게 증가한 비단 수요는 자본과 노동이 모직물 제조에서 비단 제조로 이전됨에 따라 곧바로 충족될 것이다. 비단과 모직물의 시장 가격은 다시 그 자연 가격에 접근할 것이며, 따라서 이 상품의 제조업자들은 각각 통상적인 이윤을 획득하게 될 것이다.

그러므로 상품들의 시장 가격이 자연 가격 수준보다 훨씬 높거나 낮게 상당한 시간 동안 지속되는 것을 막아주는 것이 바로, 모든 자본가들이 갖고 있는, 자신의 자금을 수익성이 더 낮은 사용처에서 더 높은 곳으로 전환하고자 하는 욕구이다. 바로 이 경쟁이, 상품의 교환가치를 조정해, 생산에 필요한 노동에 대한 임금과, 자본을 그 본래의 효율 상태로 사용되도록 하는 데 필요한 모든 다른 경비들을 지불한 뒤에 남는 가치 또는 잉여가, 각 사업에서 사용된 자본의 가치와 비례하도록 해준다.

《국부론》 7장에서 이 문제와 관련된 모든 것이 가장 적절하게 다루어진다. 우리는 자본의 특정 사용처에서 우연한 원인에 의해 노동의 임금과 자재의 이윤뿐만 아니라 상품의 가격에서까지 발생할 수 있는 일시적인 효과에 대해서는 충분히 인정했고, 이들 효과는 사회의 모든 단계에서 동일하게 작용하므로, 우리가 자연 가격, 자연 임금 및 자연 이윤을 규제하는 법칙, 즉 이들 우발적 원인과는 완전히 무관한 효과를 다루는 동안에는 그것들을 우리의 관심사에서 완전히 제외할 것이다. 그리하여 내가 상품의 교환가치, 즉 어떤 상품이 보유한 구매력을 말할 때는, 언제나, 일시적 또는 우발적 원인으로 교란되지 않을 때 그것이 보유하는 힘을 의미하며, 그 힘이 그 상품의 자연 가격이다.

제5장

임금에 대하여

사고팔리며 수량이 증가하거나 감소할 수 있는 다른 모든 것과 마찬가지로 노동에도 자연 가격과 시장 가격이 있다. 노동의 자연 가격은 대개, 노동자들이 생존하고 자신들의 씨족을 늘리거나 줄이지 않고 존속시키는 데 필요한 가격이다.

노동자가 자신과, 노동자 수를 유지하는 데 필요한 가족을 부양하는 능력은 그가 임금으로 받는 화폐의 양이 아니라, 그것으로 구입하게 될 식량, 필수품, 그리고 관습상 그에게 필요불가결하게 된 편의품의 양에 달려 있다. 그러므로 노동의 자연 가격은 노동자와 그의 가족의 부양에 필요한 식량, 필수품 및 편의품의 가격에 달려 있다. 식량과 필수품의 가격이 상승하면 노동의 자연 가격이 상승할 것이다. 그 가격이 떨어지면 노동의 자연 가격이 하락할 것이다.

노동의 자연 가격은 사회의 진보와 함께 언제나 상승하는 경향을 띤다. 왜냐하면 그 자연 가격을 규제하는 기본 상품들 중의 하나가, 그것을 생산하는 곤란성이 커짐으로써 더 비싸지는 경향을 띠기 때문이다. 그러나 농업의 개량과 식량을 수입해 올 수 있는 새로운 시장의 발견이 필수품 가격의 상승을 한동안 상쇄할 수도 있고, 심지어 자연 가격을 하락시킬 수도 있기 때문에, 그와 같은 원인이 노동의 자연 가격에 그에 상응하는 효과를 가져올 것이다.

모든 상품의 자연 가격은, 농산물과 노동을 제외하고는, 부와 인구가 진전할 때 하락하는 경향을 띤다. 왜냐하면 그 상품들은 한편으로는 원료가 되는 원자재의 자연 가격의 상승 때문에 실질 가치가 늘어나지만, 기계의 개량, 노동의 분업과 배분의 개선 및 과학과 기술 면에서의 생산자들의 숙련 향상을 통해 그 상승이 상쇄되기 때문이다.

노동의 자연 가격은 공급 대 수요 비율의 자연적인 작동으로 노동에 실제로 지불되는 가격이다. 즉 노동은 희소할 때는 비싸고, 풍부할 때는 싸다. 노동의 시장 가격이 노동의 자연 가격에서 아무리 벗어난다고 하더라도, 그것은 〔다른〕 상품들처럼 자연 가격과 일치하려는 경향이 있다.

노동자의 조건이 호전되고 노동자가 행복해지며, 그가 더 큰 비율의 생활필수품과 편의품을 지배하고 따라서 건강하고 많은 가족을 부양할 능력이 생기는 것은, 노동의 시장 가격이 그 자연 가격을 초과할 때이다. 그러나 높은 임금이 인구 증가를 자극해 노동자의 수가 증가하면 임금은 다시 그 자연 가격으로 하락하며, 실제로는 반작용 때문에 때때로 그 이하로 하락하기도 한다.

노동의 시장 가격이 자연 가격 이하가 되면 노동자들의 조건은 아주 초라해진다. 즉 빈곤은 이들에게서 관습상 절대적 필수품으로 인정되는 편의품들을 박탈한다. 노동의 시장 가격이 자연 가격으로 상승하고 노동자가 자연 임금률이 허용하는 보통 정도의 편의품들을 갖게 되는 것은, 그러한 박탈이 노동자 수를 감소시키거나 노동에 대한 수요가 늘어난 이후라야 된다.

임금이 임금의 자연율과 일치하려는 경향이 있음에도 불구하고, 성장하는 사회에서 임금의 시장률[38]은 무한한 기간 동안 그 이상으로 지속될 수 있다. 왜냐하면 늘어난 자본이 노동에 대한 새로운 수요에 주는 충격이 수용되자마자, 또 다른 자본의 증가가 동일한 효과를 가져올 수 있기 때문이다. 그리하여 자본의 증가가 점진적이고 지속적이면, 노동에 대한 수요는 인구 증가에 대한 지속적인 자극을 불러올 수 있다.

자본은 한 나라의 부 중에서 생산에 투입되는 부분이며, 노동을 실행하게 해주는 식량, 의복, 도구, 원자재, 기계 등으로 구성된다.

자본은 가치가 상승함과 동시에 수량이 증가할 수 있다. 한 나라의 식량과 의복에 추가가 이루어짐과 동시에, 식량과 의복의 추가 수량을 생산하는 데 전보다 더 많은 노동이 소요되는 일이 있을 수 있다. 그 경우에는 자본의 양뿐만 아니라 자본의 가치도 상승할 것이다.

아니면, 자본의 가치의 증가 없이, 심지어 그 가치가 실제로 하락하고 있는 중에도, 자본이 증가할 수 있다. 한 나라의 식량과 의복에 추가가 일어남과 동시에, 그것을 생산하는 데 필요한 비례 노동량을 증가시키지 않고, 심지어 절대적으로 감소시키면서 기계의 도움으로 그 추가가 이루어질 수도 있다. 자본은 전체, 또는 일부분만이라도 이전에 비해 더 큰 가치를 띠지 않고 오히려 사실상 더 작은 가치를 띠면서도 양이 증가할 수 있다.

첫 번째 경우에, 언제나 식량, 의복 및 기타 필수품의 가격에 좌우되는 노동의 자연 가격은 상승할 것이다. 두 번째 경우에 그것은 정지해 있거나 하락할 것이다. 그러나 이 두 경우 모두에서 시장 임금률은 상승할 것이다. 왜냐하면 자본의 증가에 비례해 노동에 대한 수요가 증가할 것이고, 어떤 일을 할 사람에 대한 수요는 해야 할 일에 비례할 것이기 때문이다.

이 두 경우에 노동의 시장 가격 역시 자연 가격 이상으로 상승할 것이다. 그리고 두 경우 모두에서 노동의 시장 가격은 자연 가격과 일치하는 경향을 띨 것이지만, 첫 번째 경우에는 이 일치가 아주 빠르게 일어날 것이다. 노동자의 상황은 개선되겠지만, 많이 개선되지는 않을 것이다. 왜냐하면 식량과 필수품의 가격 상승이 그의 상승한 임금의 대부분을 흡수할 것이고, 따라서 노동의 작은 공급 또는 인구의 미세한 증가가 곧 시장 가격을 그때 상승한 노동의 자연 가격 수준으로 하락시킬 것이기 때문이다.

두 번째 경우에 노동자의 조건은 아주 크게 개선될 것이다. 그는 늘어난 화폐 임금을 받을 것인데, 그와 그의 가족이 소비하는 상품들에 조금이라도 인상된 가격은 지불하지 않아도 될 것이며, 아마도 심지어 하락한 가격을 지불할 수도 있을 것이다. 그리고 노동의 시장 가격이 그때의 낮은, 하락한 자연 가격으로 다시 하락하는 것은 인구의 막대한 증가가 일어난 이후일 것이다.

그리하여 사회가 진보할 때마다, 자본이 증가할 때마다, 노동의 시장 임금은 상승할 것이다. 그러나 그 상승의 지속성은 노동의 자연 가격도 같이 상승했는가 여부에 달려 있을 것이다. 그리고 노동의 자연 가격의 상승은 다시 노동의 임금으로 구입되는 필수품의 자연 가격의 상승에 좌우될 것이다.

노동의 자연 가격은, 심지어 식량과 필수품만으로 평가되는 경우에도, 절대적으로 고정되어 불변이라고 이해되어서는 안 된다. 그것은 같은 나라에서도 시대에 따라 다르고, 나라가 다르면 아주 크게 달라진다.[39] 그것은 본질적으로 사람들의 습관과 관습에 달려 있다. 잉글랜드의 노동자라면,

자신의 임금으로 감자 이외의 음식은 구입할 수 없고 진흙집 이상의 좋은 집에서 살지 못한다면, 임금이 자연율 이하이고, 가족을 부양하기에는 너무 부족하다고 생각할 것이다. 그러나 이렇게 소박한 원시적 필수품도 '사람값이 싸고' 욕구가 쉽게 충족되는 나라에서는 대개 충분하다고 여겨진다. 잉글랜드의 오두막에서 지금 이용되는 편의품들 중 많은 것들이 우리 역사의 초기에는 사치품이라고 생각되었을 것이다.

사회의 진보와 함께 제조품〔의 가치〕이 언제나 하락하고 농산물〔의 가치〕은 언제나 상승하는 데서 그 상대 가치의 불비례가 상당히 생겨나기 때문에, 부국에서는 노동자가 식량 중 아주 적은 양만을 희생하고도 다른 모든 욕구를 풍부하게 충족시킬 수 있다.

화폐가치의 변동은 반드시 화폐 임금에 영향을 미치지만, 우리는 화폐가 항상 동일한 가치를 지닌다고 간주해왔기 때문에 여기서는 화폐가치의 변동이 아무런 작용도 하지 않는다고 간주하고 그것을 제외하면, 임금은 두 가지 원인으로 상승하거나 하락하게 되어 있다.

첫째, 노동자의 공급과 수요.
둘째, 노동의 임금이 지출되는 상품의 가격.

사회의 단계에 따라 자본, 즉 노동을 고용할 수단의 축적이 더 빠르거나 덜 빠르게 일어날 수 있는데, 모든 경우에 그 축적은 노동의 생산력에 달려 있다. 일반적으로 비옥한 토지가 풍부할 때는 노동의 생산력이 가장 크다. 그런 기간에는 축적이 대개 아주 빠르게 일어나기 때문에 노동자들이 자본만큼 빠르게 공급될 수 없다.

　인구는 유리한 조건에서라면 25년에 두 배가 될 수 있다고 추정되어왔다. 그러나 똑같이 유리한 조건에서, 한 나라의 전체 자본은 아마도 더 짧은 기간에 두 배가 될 수 있을 것이다. 그 경우에 노동에 대한 수요가 공급보다 훨씬 빠르게 증가하기 때문에, 전 기간 동안 임금은 상승하는 경향을 띨 것이다.

　고도로 진보한 나라의 기술과 지식이 도입되는 신 정주지에서는, 자본이 인구보다 빠르게 증가하는 경향을 띨 것이다. 그리고 인구가 더 많은 나라로부터 노동자의 부족이 해결되지 않는다면, 이 경향은 노동의 가격을 아주 크게 상승시킬 것이다. 이런 나라에서는 인구가 많아지고 저질의 토지가 경작에 들어가는 데 비례해, 자본 증가의 경향이 저하된다. 왜냐하면 기존 인구의 욕구를 충족시키고 난 뒤에 남은 잉여 생산물이 생산의 편리성, 즉 생산에 투입되는 한층 적어진 사람 수에 반드시 비례해야 하기 때문이다. 그리하여 가장 유리한 조건에서라면 생산의 증가세가 인구의 증가세보다 여전히 클 수 있지만, 그것은 그리 오래 지속되지 않는다. 왜냐하면 인구의 증가세는 언제나 똑같이 지속되는 데 반해, 토지 양이 제한되어 있고 토지의 질이 달라서 거기에 투입되는 자본 단위가 증가할 때마다 생산율이 하락할 것이기 때문이다.

비옥한 토지가 풍부하지만, 주민들의 무지, 나태, 야만으로 결핍과 기근의 모든 해악에 노출되어 있으며, 인구가 생존 수단을 압박하는 나라에는, 농산물의 공급률 하락으로 인구 밀집의 모든 해악을 경험하는 나라와는 아주 다른 처방이 적용되어야 한다. 전자의 경우에는 잘못된 통치, 재산권의 불안정, 모든 계층에서의 교육 부족에서 해악이 나온다. 〔이 나라에서는〕 인구의 증가를 넘어서는 자본의 증가가 그 불가피한 결과일 것이기 때문에, 그 나라 사람들이 행복해지기 위해서는 좋은 통치와 교육을 받기만 하면 된다. 생산의 증가세가 여전히 더 크기 때문에 어떤 인구의 증가도 지나치게 큰 것이 될 수 없다. 후자의 경우에는 인구가 그 부양에 필요한 기금보다 빠르게 증가한다. 근로의 발휘는 인구 증가율의 하락을 수반하지 않는 한 언제나 해악을 추가할 것이다. 왜냐하면 생산이 인구 증가를 따라잡지 못하기 때문이다.

인구가 생존 수단을 압박할 때 유일한 처방은 인구의 감소, 아니면 좀 더 빠른 자본 축적이다. 모든 비옥한 토지가 이미 경작되고 있는 부국에서, 후자의 처방은 그다지 실행 가능하지도 않고 그다지 바람직하지도 않다. 왜냐하면 그 처방이 철저하게 추진될 경우, 그 효과는 모든 계급을 똑같이 가난하게 하는 것일 것이기 때문이다. 그러나 비옥한 토지가 아직 경작되지 않아서 풍부한 생산 수단이 저장되어 있는 빈국에서는, 특히 자본 축적의 효과가 모든 계급을 향상시키는 것일 터이므로, 자본 축적이 해악을 제거하는 안전하고 효과적인 유일한 수단이다.

인류애가 있는 벗들이라면 모든 나라에서 노동 계급들이 편의품과 향락품의 소비를 향유하며 모든 합법적 수단으로 그것을 획득하도록 장려되기를 바라지 않을 수 없다. 과잉 인구에 대응하는 더 좋은 보장책은 있을 수 없다. 노동 계급이 최소한의 욕구를 가지고 가장 저렴한 식량에 만족하는 나라들에서는 사람들이 최대의 불안정과 불행에 노출되어 있다. 그들은 재난에서 대피할 곳이 없다. 그리고 더 낮은 상태의 안전을 추구할 수도 없다. 그들은 이미 낮아서 더 낮게 떨어질 수 없다. 그들의 생계 수단 중 중요한 품목이 조금이라도 부족해지면, 그들이 스스로 조달할 수 있는 대체품이 거의 없으며, 그 결핍에는 기근의 거의 모든 해악이 뒤따른다.

사회의 자연적 진보 속에서 노동의 임금은, 그것이 공급과 수요에 규제되는 한, 하락하는 경향을 띤다. 왜냐하면 노동자의 공급은 동일한 비율로 계속 증가하는 반면, 노동자에 대한 수요는 더 느린 비율로 증가할 것이기 때문이다. 예를 들어 만약 임금이 연간 2퍼센트씩의 자본의 증가에 의해 규제된다면, 자본이 1.5퍼센트의 비율로만 축적될 때는 임금이 하락할 것이다. 자본이 1퍼센트의 비율, 또는 0.5퍼센트의 비율로만 증가할 때는 임금은 더 낮게 하락할 것이며, 자본이 정체 상태가 될 때까지 계속 그럴 것이다. 그때는 임금도 정체 상태가 되어 실제 인구의 수를 유지하기에 충분할 만큼만 될 것이다. 나는, 이러한 상황에서 임금이 오직 노동자의 공급과 수요에 의해서만 규제된다면 임금은 하락할 것이라고 말하겠다. 그러나 임금이 그것으로 구입되는 상품의 가격에 의해서도 규제된다는 것을 잊어서는 안 된다.

인구가 증가함에 따라 필수품을 생산하는 데 더 많은 노동이 필요하게 될 것이기 때문에, 그 필수품의 가격은 끊임없이 상승할 것이다. 그리하여 만약 노동의 임금으로 구입되는 모든 상품의 가격이 상승하는 반면 노동의 화폐 임금은 하락한다면 노동자는 이중으로 영향을 받을 것이며, 머지않아 생계 수단을 완전히 빼앗길 것이다. 그러므로 노동의 화폐 임금은 하락하는 것이 아니라 상승할 것이다. 그러나 임금은 노동자가 이 편의품과 필수품들을 가격이 상승하기 이전에 구입했던 만큼 구입할 수 있도록 충분히 상승하지는 않을 것이다. 만약 그의 연간 임금이 이전에 24파운드, 즉 〔곡물의〕 가격이 쿼터당 4파운드일 때 6쿼터였다면, 곡물이 쿼터당 5파운드로 상승할 때 그는 아마도 5쿼터의 가치만을 받을 것이다. 그러나 5쿼터에는 25파운드가 소요될 것이다. 그러므로 그는 자기 화폐 임금에 추가분을 더 받겠지만, 이 추가분으로도 이전에 자기 가정에서 소비했던 곡물 및 여타 상품의 동일 양을 구입할 수 없을 것이다.

그리하여 노동자가 실질적으로 보수를 더 나쁘게 받음에도 불구하고, 그의 임금의 이러한 증가는 필연적으로 제조업자의 이윤을 감소시킬 것이다. 왜냐하면 그의 재화가 더 높은 가격으로는 팔리지 않는 데 반해, 그것을 생산하는 비용은 상승할 것이기 때문이다. 그러나 이것은 우리가 이윤을 규제하는 원리를 검토할 때 고려될 것이다.

그렇다면 지대를 상승시키는 것과 동일한 원인, 즉 동일한 비례의 노동량으로써 추가량의 식량을 공급하는 곤란성의 증가가 임금도 상승시킬 것으로 보인다. 그리하여 만약 화폐가 가치 불변이라면, 지대와 임금은 부와 인구의 증가와 더불어 상승하는 경향을 띨 것이다.

그러나 지대의 상승과 임금의 상승 사이에는 다음과 같은 근본적인 차이가 있다. 지대의 화폐가치의 상승은 생산물 분배분의 증가를 수반한다. 즉 지주의 화폐 지대가 더 커질 뿐만 아니라 그의 곡물 지대도 더 커진다. 그는 곡물을 더 얻을 것이고, 그 곡물의 일정 수량 각각은 가치가 상승하지 않은 여타 모든 재화의 더 많은 양과 교환될 것이다. 노동자의 운명은 덜 행복해질 것이다. 그가 더 많은 화폐 임금을 받을 것임은 틀림없지만, 그의 곡물 임금은 감소할 것이다. 그리고 시장 임금률을 자연율 이상으로 유지되기가 더 어려워짐으로써, 곡물에 대한 지배뿐만 아니라, 그의 일반적 상황까지 악화될 것이다. 곡물의 가격은 10퍼센트 상승하는 반면, 임금은 언제나 10퍼센트 이하로 상승할 것이지만, 지대는 언제나 그 이상으로 상승할 것이다. 노동자의 상황은 전반적으로 나빠지고, 지주의 그것은 언제나 개선될 것이다.

밀이 쿼터당 4파운드일 때, 노동자의 임금이 연간 24파운드, 즉 밀 6쿼터의 가치라고 하자. 그리고 그의 임금의 절반은 곡물에 지출되고, 나머지 절반, 즉 12파운드는 다른 것에 지출된다고 하자. [곡물 가격이 상승할 때] 그가 받는 임금은 다음과 같은 것이다.

곡물 가격	화폐 임금	곡물 임금
4£. 4s. 8d.	24£. 14s.	5.83qrs.
4£. 10s.	25£. 10s.	5.66qrs.
4£. 16s.	26£. 8s.	5.50qrs.
5£. 2s. 10d.	27£. 8s. 6d.	5.33qrs.

£.는 파운드, s.는 실링, d.는 펜스, qrs.는 쿼트를 나타냄

그는 이만큼의 임금을 받겠지만 이것은 그를 이전과 똑같이 살 수 있게 할 뿐이고 더 낫게 하지는 않을 것이다. [그 이유는 다음과 같다.]

쿼터당 곡물 가격	곡물 구입량	곡물 구입액	여타 물품 구입액	총 지출액
4£.	3qrs.	12£.	12£.	24£.
4£. 4s. 8d.	3qrs.	12£. 14s.	12£.	24£. 14s.
4£. 10s.	3qrs.	13£. 10s.	12£.	25£. 10s.
4£. 16s.	3qrs.	14£. 8s.	12£.	26£. 8s.
5£. 2s. 10d.	3qrs.	15£. 8s. 6d.	12£.	27£. 8s. 6d.

곡물 가격의 상승에 비례해서 그는 더 적은 곡물 임금을 받을 것이지만, 그의 화폐 임금은 언제나 상승할 것인 반면, 위의 가정에 의하면 그의 편의품은 정확히 같을 것이다. 그러나 다른 상품들도 농산물이 그 구성에 참여하는 데 비례해서 가격이 상승할 것이기 때문에, 그는 그것들 중 일부에 대해서는 더 많은 돈을 지불해야 할 것이다. 그의 차, 설탕, 비누, 양초, 집세는 아마도 더 비싸지지 않겠지만, 베이컨, 치즈, 버터, 아마포, 신발, 모직물에 대해서는 더 많이 지불될 것이다. 그러므로 위와 같이 임금이 상승하더라도 그의 상황은 상대적으로 악화될 것이다. 그러나 내가 금, 또는 화폐를 만드는 금속을 임금이 상이한 나라의 생산물이라 전제하고 임금이 가격에 미치는 영향을 고찰해왔다고, 내가 도출한 결론이 실제 사태와 거의 일치하지 않는 것은 금이 해외에서 생산된 금속이기 때문이라고 말할 수도 있겠다. 그렇지만 금이 해외 생산물이라는 조건이 〔이〕 논의의 진실성을 무효화

하지는 않을 것이다. 왜냐하면 그것이 국내에서 발견되건 해외에서 수입되건, 그 효과는 궁극적으로, 그리고 정말 즉각적으로 똑같은 것임이 증명될 수 있기 때문이다.

임금이 상승한다면 그것은 일반적으로 부와 자본의 증가가 노동에 대한 새로운 수요를 일으켰기 때문이며, 그것은 반드시 상품 생산의 증가를 수반한다. 이 증가한 상품을 유통시키기 위해서는 전과 동일한 가격에서라도 더 많은 화폐가 요구되며, 화폐를 만드는 데 쓰이며 수입을 통해서만 조달할 수 있는 해외 상품이 더 요구된다. 한 상품이 이전에 비해 더 많이 요구될 때마다, 그 상대 가치는 구매에 사용되는 상품들과 비교해서 상승할 것이다. 만약 모자가 더 요구된다면 그것의 가격은 상승할 것이며, 더 많은 금이 대가로 주어질 것이다. 만약 금이 더 요구된다면, 동일 양의 금을 구입하기 위해 더 많은 양의 모자와 여타 모든 물품이 필요할 것이기 때문에, 금 가격이 상승하고 모자 가격은 하락할 것이다. 그러나 위와 같은 경우에, 임금이 상승하기 때문에 상품의 가격이 상승할 것이라고 말하는 것은 명백한 모순을 인정하는 것이다. 왜냐하면 우리는 먼저 수요의 결과 금의 상대 가치가 상승할 것이라고 말하고, 그다음으로 물가가 상승하기 때문에 그 상대 가치가 하락할 것이라고 말하는데, 이 두 가지 효과는 서로 완전히 모순되기 때문이다. 상품들의 가격이 상승한다고 말하는 것은 화폐의 상대 가치가 하락한다고 말하는 것과 같은 것이다. 왜냐하면 금의 상대 가치는 상품들에 의해서 측정되기 때문이다. 그리하여 모든 상품의 가격이 상승한다면, 금은 이 비싼 상품들을 구입하기 위해 해외에서 들어올 수가 없고, [오히려] 상대적으로 저렴해진 외국 상품들을 구입하는 데 유리하게 사용되기 위해 국내에서 [해외로] 나갈 것이다. 그리하여 화폐를 만드는 금속이 국내에서 생산되건 외국에서 생산되건, 임금의 상승은 상품의 가격을 인상시키지 않을 것으로 보인다. 화폐량이 추가되지 않고는 모든 상품의 가격이 동시에 상승할 수 없다. 이 추가분은 이미 우리가 증명했듯이 국내에서 조달될 수 없으며, 해외에서 수입될 수도 없다. 해외에서 금의 추가량을 구입하려면, 국내의 상품들이 저렴해야 하며 비싸서는 안 된다. 금의 수입과, 금을 구입하는 데 쓰이는, 즉 금에 대해 지불되는 모든 국산 상품들의 가격의 상승은 절대로 양립할 수 없는 결과들이다. 지폐의 광범위한 사용도 이 문제를 다르게 만들지 않는다. 왜냐하면 지폐는 금의 가치와 일치하며 또 반드시 일치해야 하고, 따라서 지폐의 가치는 그 금속의 가치에 영향을 주는 원인의 영향만을 받기 때문이다.[40]

그리하여 이것이 임금을 규제하며, 모든 공동체의 최대 다수의 행복을 지배하는 법칙이다. 다른 모든 계약과 마찬가지로 임금도 시장의 공정하고 자유로운 경쟁에 맡겨져야 하며, 입법부의 간섭으로 통제되어서는 안 된다.

구빈법의 명백하고 직접적인 경향은 이러한 명확한 원리에 직접적으로 반대된다.[41] 그것은 의회가 자애롭게 의도한 것처럼 빈민들의 상태를 개선하는 것이 아니라, 빈민과 부자 모두의 상태를 악화시키는 것이다. 그것은 빈민을 부자로 만드는 대신에 부자를 가난하게 만들 것이다. 현행법이 시행되는 동안, 빈민의 구휼을 위한 기금이 점차 증가해서 마침내 국가의 순수입 전부, 또는 적어도 그중에서 공공 지출에 대한 국가의 불가결한 수요를 충족시킨 뒤 국가가 우리에게 남겨주는 만큼을 흡수해버리는 것은 자연스러운 귀결이다.[42]

이들 법률의 이런 치명적인 경향은, 맬서스 씨의 뛰어난 능력으로 완전히 밝혀졌기 때문에 더 이상 비밀이 아니다.[43] 그리고 빈민의 친구라면 누구나 구빈법의 폐지를 열렬히 희망할 것임에 틀림없다. 그러나 불행하게도 그 법은 오랫동안 유지되어왔고, 빈민들의 습관은 그 실행에 길들어왔기 때문에, 우리의 정치체제에서 그것들을 안전하게 제거하기 위해서는 아주 조심스럽고 능숙한 처리가 필요하다. 이 법의 폐지에 가장 우호적인 모든 사람들은, 만약 그 법의 잘못된 제정으로 혜택을 입는 사람들에 대한 가장 압도적인 고난을 막는 것이 바람직하다면, 그 폐지는 가장 점진적인 단계를 밟아 이루어져야 한다는 데 동의한다.

빈민 수의 증가를 억제하고 빈민들 간의 무분별한 조혼을 줄이는 것에 대한 빈민 측의 일정한 관심, 또는 의회 측의 일정한 노력 없이는, 빈민의 안락과 복지가 항구적으로 확보될 수 없다는 것은 의심의 여지가 없는 진실이다. 구빈법 체제의 운영은 이와는 정반대였다. 그것은 분별과 근면에서 온 임금의 일부를 빈민에게 제공함으로써 절제를 쓸모없게 만들고 무분별을 초래했다.[44]

해악의 성질이 그것의 치유책을 알려준다. 우리는 구빈법의 범위를 점차 축소함으로써, 빈민들로 하여금 독립의 가치를 명심하게 함으로써, 그들에게 체계적이거나 임시적인 자선에 기대지 말고 그 스스로의 생계 노력에 기대야 한다는 것과, 신중과 선견지명은 불필요하지도 않고 무익하지도 않은 덕성이라는 것을 가르침으로써, 단계적으로 더 건전하고 더 건강한 상태로 나아갈 것이다.

어떤 구빈법 수정안도, 그것이 구빈법 폐지를 궁극적 목적으로 삼는 것이 아니라면, 최소한의 주목도 받을 가치가 없다. 그리고 어떻게 가장 안전하게, 그와 동시에 가장 평화롭게 이 목표를 달성할 수 있는지를 알려줄 수 있는 사람이야말로 빈민과 인류애의 대의에 대한 최고의 벗이다. 어떻게든 현재와는 다른 방식으로 빈민들을 부양할 기금을 늘리는 것으로는 해악이 경감될 수 없다. 만약 기금이 증액되거나, 최근의 몇몇 제안들[45]에 따라 일반 기금으로서 국가 전체에서 징수된다면, 그것은 개선도 전혀 아니고 우리가 제거될 것을 바랐던 고난을 가중시키는 일이 될 것이다. 현재의 기금 징

수 및 사용 방식은 해로운 효과를 줄이는 데 기여했다. 각 교구는 소속 빈민들을 부양하기 위해 별도의 기금을 편성한다. 그리하여 왕국 전체의 빈민을 구제하기 위해 하나의 일반 기금이 편성되는 경우보다 세금을 낮게 유지하는 것이 더 많은 관심을 유발하고 실현 가능성이 더 큰 목표가 된다. 한 교구는, 수백 개의 다른 교구들이 거기에 참가할 때보다, 모든 저축이 저마다의 이익을 위한 것이 될 때, 세금의 경제적 징수와 구제금의 효율적 분배에 훨씬 더 관심을 갖게 된다.

우리는 구빈법이 아직 나라의 순수입 전부를 흡수해버리지는 않았다는 사실의 원인을 여기서 찾아야 한다. 구빈법이 아직 극도로 가혹해지지 않은 것은 그 적용의 엄격함 때문이다. 만약 부양을 원하는 모든 인간이 법으로 부양받을 수 있다는 보장이 있으면, 그리고 삶을 상당히 안락하게 할 수 있을 만큼 부양받을 수 있다면, 이론은 우리로 하여금, 모든 다른 조세를 다 합쳐도 구빈세 단 하나보다 가벼울 것이라고 기대하게 할 것이다. 그러한 법률에, 마침내 모든 계급이 보편적 빈곤이라는 전염병에 걸릴 때까지, 부와 권력을 궁핍과 허약으로 바꾸고, 단순히 생존을 영위하는 것 외의 모든 목적으로부터 노동의 발휘를 철수시키며, 모든 지적 우월성을 파괴해버리고, 〔인간으로 하여금〕 육체의 욕구를 채우는 데 지속적으로 전념하게 하는 경향이 있다는 것은 인력의 법칙만큼이나 명확하다. 다행스럽게도 이 법률은, 노동을 유지하기 위한 기금이 규칙적으로 증가하고, 인구의 증가가 자연스럽게 요구되던 점진적 번영의 시기 동안 시행되어왔다. 그러나 만약 우리의 진보가 더 느려진다면, 우리가 정지 상태─우리가 이 상태와는 꽤 멀리 떨어져 있다고 나는 믿는다─에 들어간다면, 이 법률의 해로운 성질이 더욱 명확하고 우려스러워질 것이다. 또 그것의 폐지는 많은 추가적인 장애물들의 방해를 받을 것이다.

제6장

이윤에 대하여

자재의 이윤은 서로 다른 부문에서 서로에 대해 일정한 비율이 있고, 모두가 동일한 정도로 동일한 방향으로 변동하는 경향이 있음이 증명되었으므로, 우리에게 남은 것은 이윤율의 항구적 변동과 그에 따른 이자율의 영구적 변화의 원인이 무엇인지를 고찰하는 것이다.

우리는 곡물의 가격46이, 지대를 지불하지 않는 자본 단위로써 곡물을 생산하는 데 필요한 노동량에 의해 규제된다는 것을 알았다. 우리는 또 모든 제조품의 가격은 그것의 생산에 필요한 노동이 많고 적음에 따라 상승하고 하락한다는 것을 알았다. 가격을 규제하는 토지 양47을 경작하는 영농자도, 재화를 제조하는 제조업자도 지대를 위해서는 생산물의 어떤 일부도 희생하지 않는다. 그들의 상품의 전 가치는 오직 두 부분으로 나누어진다. 하나는 자재의 이윤, 다른 하나는 노동의 임금이다.

곡물과 제조품이 언제나 동일한 가격으로 판매된다고 가

정하면, 임금이 낮거나 높은 데 비례해서 이윤이 높거나 낮을 것이다. 그러나 곡물을 생산하는 데 노동이 더 필요하게 되어 곡물 가격이 상승한다고 생각해보자. 그것은 생산에 추가 노동량이 필요치 않은 제조품의 가격을 인상시키지는 않을 것이다. 그때 만약 임금이 동일하게 지속된다면 제조업자의 이윤도 그대로 유지될 것이다. 그러나 만약, 반드시 그럴 것이듯이 곡물의 상승과 함께 임금이 상승한다면, 그들의 이윤은 반드시 하락할 것이다.

어떤 제조업자가 자신의 재화를 언제나 동일한 가격, 예컨대 1,000파운드에 판매한다면, 그의 이윤은 그 재화를 제조하는 데 필요한 노동의 가격에 좌우될 것이다. 그가 600파운드만 지불해야 될 때보다 임금이 800파운드에 이를 때 그의 이윤은 더 적을 것이다. 그러므로 임금이 상승하는 것에 비례해서 이윤이 하락할 것이다. 그러나 이렇게 물을 수 있을 것이다. 농산물의 가격이 인상되면, 영농자는 임금으로 추가 금액을 지불해야 하더라도 적어도 동일한 이윤율을 확보하지는 않을까? 전혀 아니다. 왜냐하면 그는 제조업자와 함께 그가 고용한 각 노동자에게 인상된 임금을 지불해야 할 뿐만 아니라, 동일한 생산물을 얻기 위해서는 지대를 지불하거나 추가 노동자를 고용하지 않으면 안 될 것이고, 농산물 가격의 상승은 오직 지대, 또는 추가 노동자 수에만 비례하지, 그에게 임금의 상승을 보상해주지는 않을 것이기 때문이다.

제조업자와 영농자 모두가 10명을 고용한다면, 임금이 1인당 연간 24파운드에서 25파운드로 상승할 때, 각자가 지불하는 총액은 240파운드가 아닌 250파운드가 될 것이다. 그러나 이것은 제조업자가 같은 양의 상품을 얻기 위해 지불할 총 추가액이다. 반면에 새로운 토지의 영농자는 아마도 추가 인원을 고용하지 않으면 안 될 것이고, 따라서 25파운드의 추가 금액을 임금으로 지불해야 한다. 그리고 기존 토지의 영농자는 정확히 동일한 추가 금액 25파운드를 지대로 지불하지 않으면 안 될 것이다. 추가 노동이 없었다면 곡물 가격은 상승하지 않았을 것이고, 지대도 인상되지 않았을 것이다. 그러므로 전자(새 토지의 영농자)는 임금만으로, 후자(기존 토지의 영농자)는 임금과 지대를 묶어서 275파운드를 지불해야 할 것이다. 각자는 제조업자보다 25파운드를 더 지불한다. 이 후자의 25파운드에 대해서 영농자는 농산물의 가격에 대한 추가로 보상받으며, 따라서 그의 이윤은 여전히 제조업자의 이윤과 일치한다. 이 명제는 중요하기 때문에 나는 그것을 밝히기 위해 한층 더 노력할 것이다.

우리는, 사회의 초기 단계에는 토지 생산물의 가치 중 지주와 노동자의 몫이 아주 작을 것이며, 그것이 부의 진보와 식량 획득의 곤란성에 비례해 증가할 것임을 증명했다. 우리는 또, 식량의 높은 가치 때문에 노동자 분배분의 가치가 증가할 것이지만 그의 실질 몫은 감소할 것인 반면에, 지주의 그것은 가치가 증가할 뿐만 아니라 양도 증가할 것임을 증명했다.

토지 생산물 중 지주와 노동자에게 지불되고 남은 양은 반드시 영농자에게 귀속되며, 그의 자재의 이윤을 구성한다. 그러나 사회가 진보함에 따라 전 생산물 중 그의 비율은 감소할 것이지만, 그럼에도 불구하고 생산물의 가치는 상승할 것이므로 지주와 노동자뿐만 아니라 그도 더 큰 가치를 받을 수 있다고 주장될 수도 있겠다.

예를 들어, 곡물 가격이 4파운드에서 10파운드로 상승하면 최고의 토지에서 수확된 180쿼터는 1,800파운드로 팔릴 것이고, 따라서 지주와 노동자가 지대와 임금으로 더 큰 가치를 얻을 것임이 증명된다고 하더라도, 영농자가 얻는 이윤의 가치 역시 증가할 것이라고 말할 수 있다. 그러나 내가 지금 증명하려 하듯이 이것은 불가능하다.

먼저, 곡물의 가격은 저급의 토지를 경작할 때의 곤란성의 증가에 비례해서만 상승할 것이다.

이미 언급되었듯이[48], 어떤 등급의 토지에서 10명의 노동으로 180쿼터의 밀이 수확되고, 그 가치가 쿼터당 4파운드, 즉 720파운드가 된다면, 그리고 추가되는 10명의 노동이 동일한 토지 또는 어떤 다른 토지에서 170쿼터만을 추가로 생산한다면, 밀의 가격은 4파운드에서 4파운드 4실링 8펜스로 상승할 것이다. 왜냐하면 170:180 = 4파운드:4파운드 4실링 8펜스이기 때문이다. 다시 말하면 170쿼터의 생산에, 전자의 경우에는 10명의 노동이 필요하지만 후자의 경우에는 9.44명의 노동이 필요하기 때문에, 9.44에서 10으로, 즉 4파운드에서 4파운드 4실링 8펜스로 상승이 이루어질 것이다. 똑같은 방식으로, 10명의 추가 노동이 160쿼터만을 생산한다면 가격은 4파운드 10실링으로 더욱 상승할 것임이 증명될 수 있다. 150이면, 4파운드 16실링 등등이다.

이제, 이들 동일한 가치에서 영농자가 어느 때에는 4파운드의 밀 가격, 다른 때에는 더 높은 가격으로 규제되는 임금을 지불해야만 한다면, 그의 이윤율은 곡물 가격의 상승에 비례해 하락할 것임이 명백하다.

그러므로 이 경우에 나는, 곡물 가격의 상승이 화폐 임금

그러나 180쿼터가 지대를 지불하지 않는 토지에서 생산되고, 가격이 쿼터당 4파운드일 때, 그것은	720파운드로 팔린다.
그리고 170쿼터가 지대를 지불하지 않는 토지에서 생산되고, 가격이 4파운드 4실링 8펜스로 상승할 때, 그것은	720파운드로 팔린다.
그리고 160쿼터는 4파운드 10실링에서	720파운드를 산출한다.
그리고 150쿼터는 4파운드 16실링에서 동일한 액수인	720파운드를 산출한다.

을 상승시킴으로써 영농자의 이윤의 화폐가치를 감소시킨다는 것이 명확히 논증되었다고 생각한다.

그러나 기존 토지와 상급 토지의 영농자의 경우도 결코 다르지 않을 것이다. 그 역시 인상된 임금을 지불했을 것이며, 생산물의 가격이 아무리 높더라도, 그 자신과 언제나 동일한 수의 노동자 사이에 분배될 몫으로 720파운드보다 더 많은 가치를 확보할 수는 없을 것이다.

곡물의 가격이 4파운드일 때 180쿼터 전부가 경작자에게 귀속되었고, 그는 그것을 720파운드에 판매했다. 곡물이 4파운드 4실링 8펜스로 상승했을 때, 그는 그의 180쿼터 중에서 지대로 10쿼터의 가치를 지불해야 했고, 그 결과 남은 170쿼터는 그에게 겨우 720파운드만을 가져다주었다.

그것이 다시 4파운드 10실링으로 상승했을 때 그는 지대로 20쿼터, 또는 그 가치를 지불했고, 그 결과로 160쿼터만을 확보했으며, 그것은 동일 금액인 720파운드를 가져다주었다.

그리하여 다음의 사실을 이해할 수 있다. 즉 일정한 양의 추가 생산물을 얻기 위해 더 많은 노동과 자본을 사용할 필요성 때문에 곡물 가격이 상승할 때마다, 그러한 상승은 언제나 추가되는 지대 또는 추가로 고용되는 노동을 통해 가치상으로 상쇄될 것이며, 따라서 곡물이 4파운드 4실링에 팔리든 아니면 5파운드 2실링 10펜스에 팔리든 영농자는 지대를 지불하고 자신에게 남는 것으로 동일한 실질 가치를 획득할 것이다. 그러므로 우리는, 영농자에게 귀속되는 생산물이 180쿼터이든, 170, 160 또는 150쿼터이든 그는 언제나 동일한 액수인 720파운드를 획득한다는 것을 알게 된다. 가격은 양에 반비례해 상승하기 때문이다.

그렇다면 지대는 언제나 소비자의 부담이지, 영농자의 부담이 되지 않음이 분명하다. 왜냐하면, 만약 그의 농장의 생산물이 항상 180쿼터가 되어야 한다면, 가격의 상승과 함께 그는 자신의 몫으로 더 적은 양에 해당하는 가치를 확보하고, 더 많은 양에 해당하는 가치를 자신의 지주에게 줄 것이지만, 그 공제는 그에게 언제나 동일 액수인 720파운드만을 남기도록 이루어질 것이기 때문이다.

모든 경우에 동일 금액 720파운드는 임금과 이윤으로 분할되어야 한다는 것도 이해될 것이다. 토지에서 나온 농산물의 가치가 이 가치를 초과한다면, 그것은 그 액수가 얼마이든 관계없이 지대로 귀속된다. 초과된 것이 없다면 지대도 없을 것이다. 임금 또는 이윤이 상승하거나 하락하는가에 관계없이, 바로 이 720파운드의 금액에서 임금과 이윤 모두 제공되어야 한다. 한편으로 이윤은 노동자에게 절대적 필수품을 제공하기에 충분한 것이 남지 않을 정도로 이 720파운드에서 많은 것을 흡수할 만큼 높이 상승할 수 없으며, 다른 한편으로 임금은 이 액수 중 이윤을 위한 부분을 남기지 않을 만큼 높이 상승할 수 없다.

그러므로 어떤 경우든, 농산물 가격의 상승에 임금의 상승이 뒤따른다면, 제조업 이윤은 물론이고 농업 이윤도 임금의 상승 때문에 낮아진다.[49] 만약 영농자가 지대를 지불한 뒤 자신에게 남은 곡물에서 아무런 추가 가치를 얻지 못한다면, 제조업자가 자신이 제조한 재화에서 아무런 추가 가치를 얻지 못한다면, 그리고 두 사람 다 임금으로 더 큰 가치를 지불해야 한다면, 임금의 상승과 더불어 이윤이 반드시 하락한다는 사실보다 더 명확히 확립된 논점이 있을 수 있는가?

그렇다면 영농자는, 비록 지주에게 지대를 지불하지 않더라도, 지대가 언제나 생산물의 가격의 규제를 받고 반드시 소비자의 부담이 되므로, 지대를 낮게 유지하는 데, 또는 오히려 생산물의 자연 가격을 낮게 유지하는 데 명확한 이해관계가 있다. 농산물과, 농산물을 구성 부분으로 투입하는 여러 물품의 소비자로서, 그는 다른 모든 소비자들과 함께 가격을 낮게 유지하는 데 관심을 기울일 것이다. 그러나 그가 가장 중요하게 관심을 기울이는 것은 곡물의 높은 가격인데, 그것이 임금에 영향을 주기 때문이다. 곡물 가격이 상승할 때마다 그는, 동일한 불변의 금액 720파운드에서 자신이 일정하게 고용해야 하는 10명에게 임금으로 추가 금액을 지불해야 할 것이다. 우리는 임금에 대해 다룰 때 그것이 농산물 가격과 함께 언제나 상승한다는 것을 보았다. 114쪽의 계산을 위해 가정된 것을 기초로 하면, 밀이 쿼터당 4파운드일 때 임금은 연간 24파운드가 될 것이다. 〔밀 가격이 상승하면 임금은 다음과 같을 것이다.〕

밀 가격	임금
4£. 4s. 8d.	24£. 14s.
4£. 10s.	25£. 10s.
4£. 16s.	26£. 8s.
5£. 2s. 10d.	27£. 8s. 6d.

이제, 불변의 기금 720파운드는[50] 다음과 같이 노동자와 영농자에게 분배될 것이다.

밀 가격			노동자 수취액		영농자 수취액		
£.	s.	d.	£.	s.	£.	s.	d.
4	0	0	240	0	480	0	0
4	4	8	247	0	473	0	0
4	10	0	255	0	465	0	0
4	16	0	264	0	456	0	0
5	2	10	274	5	445	15	0

그리고 영농자의 최초 자본이 3,000파운드였다고 가정하면, 그의 자재의 이윤이 첫 번째 예에서 480파운드이므로, 16퍼센트의 비율이 될 것이다. 그의 이윤이 473파운드로 떨

어지면 그 비율은 15.7퍼센트가 될 것이다. 〔이윤율이 더 떨어지면 그 비율로 다음과 같이 떨어질 것이다.〕

이윤	비율
465파운드	15.5
456파운드	15.2
445파운드	14.8

그러나 이윤율은 더욱더 하락할 것이다. 왜냐하면—이것은 반드시 상기되어야 한다—영농자의 자본은 대부분 그의 곡물과 건초 더미, 타작 안 된 밀과 보리, 그의 말과 소 등과 같이 모두 생산물이 증가한 결과 가격이 상승할 농산물로 구성되어 있기 때문이다. 그의 절대적 이윤은 480파운드에서 445파운드 15실링으로 하락할 것이다. 그러나 만약 내가 방금 언급한 원인 때문에 그의 자본이 3,000파운드에서 3,200파운드로 상승한다면, 곡물이 5파운드 2실링 10펜스일 때 그의 이윤율은 14퍼센트 이하가 될 것이다.

만약 제조업자도 자신의 사업에 3,000파운드를 투입했다면, 그는 임금 상승의 결과, 동일한 사업을 수행할 수 있도록 하기 위해 자신의 자본을 늘리지 않을 수 없을 것이다. 만약 그의 상품이 이전에 720파운드에 팔렸다면, 그것은 여전히 같은 가격으로 팔릴 것이다. 그러나 곡물이 5파운드 2실링 10펜스일 때, 이전에 240파운드이던 노동의 임금은 274파운드 5실링으로 상승할 것이다. 첫 번째 경우에 그는 3,000파운드에 대한 이윤으로 480파운드의 차액을 얻겠지만, 두 번째 경우에는 늘어난 자본에 대해 445파운드 15실링의 이윤밖에 얻지 못할 것이며, 따라서 그의 이윤은 영농자의 달라진 이윤율과 일치하게 될 것이다.

농산물 가격의 상승으로 많든 적든 가격에 영향을 받지 않는 상품은 거의 없다. 왜냐하면 대부분의 상품의 구성에 토지에서 난 농산물이 일부 포함되기 때문이다. 밀 가격의 상승으로 면제품, 아마포 및 모직물 모두 가격이 상승할 것이다. 그러나 가격이 상승하는 것은 그것을 만드는 데 사용되는 농산물에 지출된 노동량이 많아졌기 때문이지, 제조업자가 그 상품에 고용한 노동자에게 더 많이 지불했기 때문이아니다.

모든 경우에, 상품의 가격이 상승하는 것은, 그것에 지출된 노동의 가치가 더 높아졌기 때문이 아니라 그것에 더 많은 노동이 지출되었기 때문이다. 보석류, 철제품, 금은 접시류, 구리 제품은, 땅에서 나오는 농산물이 그 구성에 들어가지 않기 때문에 〔가격이〕 상승하지 않을 것이다.

내가 농산물 가격의 상승과 더불어 화폐 임금이 상승하리라는 것을 당연하게 받아들였지만, 노동자가 더 적어진 편의품에 만족할 것이기 때문에 이것은 결코 필연적인 결과가 아니라고 말할 수 있다. 임금이 예전에 높은 수준이었고 조금의 감소는 감내 가능하리라는 것이 사실이다. 만약 그렇다면 이윤의 하락은 억제될 것이다. 그러나 필수품 가격이 점진적으로 상승하는데도 임금의 화폐 가격이 하락하거나 정체 상태에 있으리라고 생각하는 것은 불가능하다. 그러므로 정상적인 여건에서는, 임금 상승을 유발하거나 임금 상승을 앞세우는 일 없이는 필수품 가격의 영구적 상승이 일어나지 않는다는 것을 당연하게 여겨도 좋을 것이다.

식량이 아니더라도, 노동의 임금으로 구입되는 여타 필수품의 가격이 조금이라도 상승했다면, 〔그것이〕 이윤에 미친 영향은 〔전과〕 같거나 거의 같았을 것이다. 노동자가 그런 필수품에 대해 인상된 가격을 지불해야 할 필요성에 직면하면 그는 더 많은 임금을 요구하지 않을 수 없을 것이다. 그리고 임금을 인상시키는 것이면 무엇이든 반드시 이윤을 감소시킨다. 그러나 노동자들에게 필요치 않은 비단, 벨벳, 가구 및 여타 상품들의 가격이 그것들에 더 많은 노동이 지출된 결과로 상승한다고 생각해보자. 그것은 이윤에 영향을 주지 않을까? 결코 주지 않는다. 왜냐하면 임금의 상승 외에 아무것도 이윤에 영향을 미칠 수 없기 때문이다. 비단과 벨벳은 노동자가 소비하지 않으며, 따라서 임금을 올릴 수 없다.

내가 이윤에 대해 일반적인 얘기를 하고 있다는 것을 이해할 필요가 있다. 이미 말했듯이, 어떤 상품이 필요로 하는 것보다 덜 풍부하게 생산될 수도 있기 때문에 그것의 시장 가격은 그것의 자연 가격 또는 필요 가격을 초과할 수 있다. 그러나 이것은 일시적인 효과에 지나지 않는다. 그 상품을 생산하는 데 투입된 자본에 대한 높은 이윤은 자연스럽게 그 부문에 자본을 끌어들일 것이다. 그리하여 필요한 기금이 공급되고 상품의 양이 적절히 증가하자마자 상품의 가격은 떨어지고 그 부문의 이윤은 일반적 수준과 일치하게 될 것이다. 일반적 이윤율의 하락이 특정 부문의 이윤의 부분적 상승과 결코 양립할 수 없는 것은 아니다. 자본이 한 부문에서 다른 부문으로 이동하는 것은, 바로 이 이윤의 불균등성을 통해서이다. 그리하여 임금 상승과 늘어나는 인구에 필수품을 공급하는 데에서의 곤란성의 증대의 결과, 일반 이윤이 하락해 더 낮은 수준으로 점차 자리를 잡아가는 동안, 영농자의 이윤은 좀 짧은 기간 동안이나마 이전보다 높아질 수 있다. 특정한 외국 및 식민지 무역 부문에는 예외적인 자극이 일정 기간 동안 주어질 수도 있을 것이다. 그러나 이러한 사실을 인정한다고 해서, 이윤이 임금의 높고 낮음에 좌우되고, 임금은 필수품의 가격에 좌우되며, 필수품의 가격은 여타 모든 필수품들이 거의 무제한으로 증가될 수 있기 때문에 주로 식량의 가격에 좌우된다는 이론이 무효화되는 것은 결코 아니다.

가격은 시장에서 언제나 변동하며, 일차적으로 수요와 공급의 상대적 상태를 통해 〔변동이〕 일어난다는 것을 상기해야 한다. 직물이 야드당 40실링으로 공급될 수 있고, 자재의 통상적인 이윤을 제공한다고 하더라도, 일반적인 유행의 변화 또는 급작스럽고 예기치 못하게 수요를 증가시키거나 공급을 감소시키는 원인 때문에 그것의 가격이 60실링이나 80실링으로 상승할 수 있다. 직물 제조업자는 일시적으로 이례적인 이윤을 얻겠지만, 수요와 공급이 다시 적정한 수준으로 될 때까지 자본이 자연스럽게 그 제조업으로 유입될 것이며, 그때는 직물의 가격이 자연 가격 또는 필요 가격인 40실링으로 하락할 것이다. 마찬가지로, 곡물에 대한 수요가 증가할 때마다 곡물의 가격은 영농자에게 일반적 이윤 이상의 것을 가져다줄 만큼 높이 상승할 수 있다. 만약 비옥한 토지가 풍부하게 있다면, 필요한 양의 자본이 곡물을 생산하는 데 투입된 뒤 곡물의 가격은 그 이전의 수준으로 다시 하락할 것이며, 이윤은 전과 같아질 것이다. 그러나 만약 비옥한 토지가 풍부하지 않다면, 즉 이 추가량을 생산하는 데 통상적인 양 이상의 자본과 노동이 필요하면, 곡물의 가격은 그 이전 수준으로 하락하지 않을 것이다. 곡물의 자연 가격은 인상될 것이고, 영농자는 영구적으로 더 큰 이윤을 획득하는 것이 아니라, 필수품의 상승으로 일어난 임금 상승의 불가피한 결과인 하락한 〔이윤〕율에 만족하지 않을 수 없다는 것을 알게 될 것이다.

그리하여 이윤의 자연적 경향은 하락하는 것이다. 왜냐하면 사회와 부의 진보 속에서, 추가적인 식량 요구량은 점점 더 많은 노동의 희생으로 획득되기 때문이다. 이 경향, 말하자면 이윤의 중력은 다행스럽게도 필수품의 생산과 관련된 기계의 개량과, 우리로 하여금 이전에 필요하던 노동의 일부를 철수할 수 있게 함으로써 노동의 기본 필수품의 가격을 낮추게 하는 농학상의 발견으로 간간이 반복적으로 억제된다. 그러나 필수품의 가격과 노동 임금의 상승에는 한계가 있다. 왜냐하면 임금이 (앞에서 언급한 경우에서처럼) 720파운드, 즉 영농자의 전 수취액과 같아지는 순간, 축적의 종말이 올 것이기 때문이다. 그러면 자본이 아무런 이윤을 산출할 수 없고, 노동 수요도 추가될 수 없으며, 따라서 인구도 정점에 도달할 것이다. 물론 이 시기가 오기 오래전에 아주 낮은 이윤율이 모든 축적을 정지시킬 것이며, 노동자에게 돌아갈 것이 지불된 뒤에는 나라의 거의 모든 생산물이 토지 소유자들과 10분의 1세 및 조세 수취자들의 소유가 될 것이다.

그리하여 앞의 매우 불완전한 기초를 내 계산의 근거로 삼으면, 곡물이 쿼터당 20파운드일 때 나라의 순소득 전부가 지주들에게 귀속될 것이 분명할 텐데, 그 이유는 원래 180쿼터를 생산하는 데 필요하던 것과 동일한 노동량이 36쿼터를 생산하는 데 필요할 것이기 때문이다. 왜냐하면 20파운드:4파운드=180:36이기 때문이다. 그렇다면 180쿼터(만약 그런 것이 있다면. 왜냐하면 토지에 투하된 자본은 기존 것과 새것이 섞여 있어서 절대로 구별될 수 없기 때문이다)를 생산했던 영농자는 180쿼터를 쿼터당 20파운드 또는 3,600파운드에 판매할 것이다. 36쿼터와 180쿼터인 차이인 144쿼터의 가치, 즉 2,880파운드가 지대로 지주에게 [배분되고], 36쿼터의 가치, 즉 720파운드가 노동자 10명에게 [배분되며], 이윤으로는 아무것도 남지 않을 것이다. 나는, 이 20파운드의 가격에서 노동자들이 각각 연간 3쿼터, 즉 60파운드를 계속 소비할 것이고, 여타 상품에 12파운드를 지출할 것으로 가정했다. 그러므로 각 노동자에 대해 72파운드, 10명의 노동자들에게 연간 720파운드의 비용이 들 것이다.[51]

이 모든 계산에서 나는 원리를 밝히기만을 원했고, 모든 기초는 임의로, 그리고 단순히 예를 들 목적으로 가정되었음은 더 말할 나위가 없다. 늘어난 인구를 위한 곡물의 연속적인 양을 획득하는 데 필요한 노동자 수나, 노동자 가족이 소비하는 [곡물] 양 등의 차이를 말할 때 아무리 정밀하게 제시했다고 하더라도, 정도의 차이는 있을지언정 결과는 원칙적으로 동일했을 것이다. 내 목적은 주제를 단순화하는 것이었고, 따라서 나는 식량 외에 노동자의 여타 필수품의 가격 상승을 감안하지 않았다. 그 상승은 그것들을 만드는 데 사용되는 원자재의 가치 상승의 결과일 것이며, 그것은 물론 임금을 더욱 인상시키고, 따라서 이윤을 하락시킬 것이다.

나는 이미, 이런 가격 상태가 영구적인 것이 되기 오래전에 축적 동기가 없어질 것이라고 말한 바 있다. 왜냐하면 자신의 축적을 생산적이게 할 목적이 아니면 아무도 축적하지 않으며 축적이 이윤에 작용하는 것은 생산적으로 사용[52]될 때뿐이기 때문이다. 동기 없이는 축적이 있을 수 없으며, 따라서 가격의 그러한 상태는 결코 일어날 수 없다. 노동자가 임금 없이 살 수 없듯이 영농자와 제조업자는 이윤 없이 살 수 없다. 그들의 축적 동기는 이윤이 감소할 때마다 감소할 것이며, 그 이윤이 너무 낮아서 그들에게 자신들의 노고와, 자신들의 자본을 생산적으로 사용하다가 반드시 만나게 될 위험에 대한 적절한 보상을 줄 수 없을 정도가 될 때 완전히 사라져버릴 것이다.

다시 한 번, 이윤율은 계산에서 추정한 것보다 훨씬 빨리 하락할 것이라고 말해야겠다. 왜냐하면 생산물의 가치가 내가 상정한 여건에서 내가 말했던 수준이므로, 영농자의 자재의 가치는 그것이 가치가 상승한 많은 상품들로 반드시 구성된다는 점 때문에 크게 상승할 것이기 때문이다. 곡물의 가격이 4파운드에서 12파운드로 상승할 수 있기 전에 그의 자본은 아마도 두 배의 교환가치가 되어, 3,000파운드가 아니라 6,000파운드의 가치가 될 것이다. 그리하여 만약 그의 이윤이 180파운드, 즉 원래 자본의 6퍼센트였다면, 그때 이윤은 실제로는 3퍼센트보다 높지 않을 것이다. 왜냐하면 3퍼센트일 때 6,000파운드가 180파운드를 가져다줄 것이며, 그런 조건으로만 새로운 영농자가 자신의 수중에 있는 6,000파운드의 돈을 갖고 농업에 투신할 수 있을 것이기 때문이다.

많은 사업 부문들이 동일한 원천에서 많건 적건 얼마간의 이익을 얻어낼 것이다. 양조업자, 증류업자, 모직물 제조업자, 아마포 제조업자는 자신들의 원자재 및 완제품 재고의 가치 상승으로 이윤의 감소에 대해 부분적으로 보상받을 것이다. 그러나 철물, 보석류 및 여타 많은 상품들의 제조업자는, 자본이 화폐로만 구성되어 있는 사람들과 마찬가지로, 어떤 보상도 받지 못하고 이윤율의 하락분 전체를 감내해야 할 것이다.

우리는 또, 토지에 대한 자본 축적의 결과 자재의 이윤율이 감소할 수 있다 하더라도, 이윤 총액은 증가할 것이라고 예상해야 한다. 그리하여 10만 파운드의 반복된 축적으로 이윤율이 일정하게 체감遞減하여 20퍼센트에서 19퍼센트로, 18퍼센트로, 17퍼센트로 하락한다고 상정하면, 우리는 이 연속된 자본의 소유자들이 받는 이윤 총액은 언제나 누진적이라는 것, 그것은 자본이 10만 파운드일 때보다 20만 파운드일 때 더 커질 것이고, 30만 파운드일 때는 훨씬 더 커질 것이며, 그런 식으로 체감하는 비율로라도 자본이 증가할 때마다 증가할 것이라고 예상해야 한다. 그러나 이러한 누진은 한정된 기간에 대해서만 해당된다. 20만 파운드의 19퍼센트는 10만 파운드의 20퍼센트보다 많으며, 또 30만 파운드의 18퍼센트는 20만 파운드의 19퍼센트보다 많다. 그러나 자본이 대규모로 축적되고 이윤이 하락한 이후에는, 더 이상의 축적은 이윤 총액을 감소시킨다. 그리하여 축적이 100만 파운드이고 이윤이 7퍼센트라고 가정하면 이윤 총액은 7만 파운드가 될 것이다. 이제 만약 10만 파운드의 자본이 100만 파운드에 추가되고 이윤이 6퍼센트로 하락한다면, 자재의 총액이 100만 파운드에서 110만 파운드로 증가했지만, 6만 6,000파운드, 즉 4,000파운드 감소한 금액을 자재의 소유자들이 수취할 것이다.

그러나 자재가 이윤을 산출한다고 하더라도, 그것이 생산물의 증가뿐만 아니라 가치의 증가까지 가져오지 않으면 자본의 축적은 있을 수 없다. 10만 파운드의 자본을 투입한다고 해도 이전 자본의 어느 부분도 생산성이 떨어지지 않을 것이다. 나라의 토지와 노동의 생산물은 증가할 것임이 분명하며, 그 가치도 인상될 것인데, 그것은 이전에 생산된 수량에 대한 가치의 추가뿐만 아니라, 토지 생산물의 마지막 단위를 생산하는 데 따르는 곤란성의 증대로 인한 토지의 전 생산물에 대해 주어지는 새로운 가치로도 이루어진다. 그러나 자본의 축적이 매우 커지면, 이러한 가치의 증가에도 불구하고, 〔증가된〕 가치는, 지대와 임금에 바쳐지는 몫이 증가하는 반면, 이윤에는 전보다 더 적은 가치가 분배될 것이다. 그리하여 자본이 10만 파운드씩 연속적으로 추가되고 이윤율이 20퍼센트에서 19퍼센트로, 18퍼센트로, 17퍼센트 등으로 하락함에 따라, 매년 획득되는 생산은 양적으로 증가할 것이고, 추가되는 자본이 생산할 것으로 예상되는 추가적 총 가치보다 많은 가치를 지니게 될 것이다. 추가적 총 가치는 2만 파운드에서 3만 9,000파운드로 상승하고, 이어서 5만 7,000파운드 이상으로 상승할 것인데, 〔이렇게 되면〕 우리가 전에 상정했듯이 투하된 자본이 100만 파운드일 때 만약 10만 파운드 이상이 그것에 추가되고 이윤 총액이 실제로 전보다 낮다고 하더라도 6,000파운드 이상이 나라의 수입에 추가될 것이다. 그러나 그것은 지주와 노동자의 소득으로 돌아갈 것이다. 그들은 추가된 생산물보다 많은 것을 받을 것이며, 자신들의 현 상황에 힘입어 자본가의 본래의 이익까지도 빼앗아 갈 수 있게 될 것이다. 그리하여, 앞에서 우리가 계산했듯이, 곡물의 가격이 쿼터당 4파운드이고 따라서 지대를 지불한 뒤 영농자에게 남는 720파운드 중에서 480파운드를 그가 갖고 240파운드를 그의 노동자들에게 지불한다고 생각해보자. 가격이 쿼터당 6파운드로 상승하면, 그는 노동자들에게 300파운드를 지불하고 420파운드만을 이윤으로 갖지 않을 수 없을 것이다. 그는 그들이 이전과 동일한, 그리고 이전보다 많지 않은 양의 필수품을 소비할 수 있게 하기 위해 그들에게 300파운드를 지불하지 않을 수 없을 것이다. 이제 만약 투입된 자본이 아주 커져서 720파운드의 10만

배, 즉 7,200만 파운드를 산출한다면, 밀이 쿼터당 4파운드 일 때 이윤 총액은 4,800만 파운드가 될 것이다. 그리고 만약 더 큰 자본을 투입해 밀이 6파운드일 때 720파운드의 10만 5,000배, 즉 7,560만 파운드를 얻는다면, 이윤은 현실적으로 4,800만 파운드에서 4,410만 파운드 또는 420파운드의 10만 5,000배로 하락할 것이며, 임금은 2,400만 파운드에서 3,150만 파운드로 상승할 것이다. 임금이 상승하는 것은 자본에 비례해 더 많은 노동자들이 고용되기 때문이다. 그리고 각 노동자는 더 많은 화폐 임금을 받을 것이다. 그러나 우리가 이미 증명했듯이 노동자가 그 나라 생산물의 더 적은 양을 지배할 수 있게 되는 만큼, 그의 상황은 더 나빠질 것이다. 유일한 실질적인 승리자는 지주들일 것이다. 그들은 더 높은 지대를 받을 것인데, 첫째로 생산물의 가치가 높아졌기 때문이고, 둘째로 그들이 그 생산물 중 크게 늘어난 비율을 얻게 되었기 때문이다.

비록 더 큰 가치가 생산되지만, 그 가치에서 지대를 지불하고 남은 것 중 더 큰 비율을 생산자들이 소비하며, 바로 이 소비 부분이, 그리고 이것만이 이윤을 규제한다. 토지가 풍부하게 산출하는 동안에, 임금이 상승할 수도 있고, 생산자들이 평소의 비율 이상으로 소비할 수도 있다. 그러나 그렇게 하여 인구에 대한 자극 때문에 노동자들은 통상적인 소비로 신속하게 되돌아갈 것이다. 그런데 메마른 토지들이 경작되거나, 기존 토지에 더 많은 자본과 노동이 지출되어 생산물 수확이 적어질 때는, 그 효과가 영구적일 것임에 틀림없다. 지대를 지불한 뒤 자재의 소유자들과 노동자들 사이에 분배될 남은 생산물 중 더 큰 비율이 노동자들에게 배분될 것이다. 각자는 더 적은 절대량을 얻을 수 있고, 아마도 그럴 것이다. 그러나 영농자가 차지하는 전 생산물에 비례해 노동자들이 더 고용됨에 따라, 전 생산물 중 더 큰 비율의 가치가 임금으로 흡수될 것이고, 따라서 더 작은 비율의 가치가 이윤으로 배분될 것이다. 이것은 토지의 생산력을 제한해온 자연의 법칙에 의해 반드시 영구적인 것이 될 것이다.

그리하여 우리는 다시 우리가 앞에서 확립하려고 노력해온 것과 동일한 결론에 도달하게 된다. 즉 모든 나라에서, 그리고 모든 시대에 이윤은, 지대를 산출하지 않는 토지에서 또는 그런 자본으로 노동자에게 필수품을 공급하는 데 필요한 노동량에 의존한다. 그리하여 축적의 효과는 나라에 따라 달라질 것이며, 주로 토지의 비옥도에 좌우될 것이다. 한 나라가 아무리 넓어도 토질이 메마르고 식량 수입이 금지되어 있으면, 최소한의 자본의 축적이라도 이윤율의 커다란 하락과 지대의 급속한 상승을 가져올 것이다. 반면에, 작지만 비옥한 나라는, 특히 그 나라가 식량의 수입을 자유롭게 허용한다면, 이윤율의 큰 하락 없이, 또는 지대의 큰 증가 없이 자본의 자재를 크게 축적할 수 있을 것이다. "임금에 대하여"

라는 장에서 우리는, 화폐의 본위인 금이 이 나라의 생산물이라고 가정하든, 또는 그것이 해외에서 수입된다고 가정하든, 상품의 화폐 가격이 임금 상승에 의해 인상될 수 없을 것임을 증명하려고 노력했다. 그러나 만약 그렇지 않고 상품의 가격이 높은 임금에 의해 영구적으로 인상된다고 하더라도, 높은 임금은 노동의 고용주들에게서 그들의 실질 이윤의 일부를 빼앗음으로써 항상 고용주에게 영향을 준다는 명제가 진실성이 떨어지는 것이 아닐 것이다. 모자 제조업자, 양말 제조업자, 구두 제조업자 각각이 그 상품들의 특정 수량을 제조하는 데 10파운드의 임금을 더 지불하고, 모자, 양말, 구두의 가격이 제조업자에게 10파운드를 보상해줄 수 있을 정도의 충분한 액수만큼 인상된다고 생각하더라도, 그들의 상황은 그런 상승이 일어나지 않는 경우에 비해 더 낫지는 않을 것이다. 만약 양말 제조업자가 그의 양말을 100파운드가 아닌 110파운드에 판다면, 그의 이윤은 정확히 이전과 같은 화폐액이 될 것이다. 그러나 그는 이 동일한 액수와 교환해 모자, 구두, 그리고 여타 모든 상품을 그만큼 적게 얻을 수 있기 때문에, 그리고 예전과 같은 자신의 저축액으로써 더 적은 수의 노동자를 인상된 임금으로 고용하고 더 적은 양의 원자재를 인상된 가격으로 구입할 수 있기 때문에, 그는 자신의 화폐 이윤액이 실질적으로 감소하고 모든 것이 그 이전의 가격에 머물러 있는 경우에 비해 더 나은 상황에 있지 않을 것이다. 이로써 나는, 첫째, 임금의 상승은 상품의 가격을 인상시키지 않고 이윤을 항상 감소시키리라는 것, 둘째, 모든 상품의 가격이 인상되더라도 이윤에 미치는 영향은 동일하고 가격과 이윤을 측정하는 매개체의 가치만이 사실상 인하되리라는 것을 증명하려고 노력했다.

제7장

외국무역에 대하여

외국무역의 확대는 상품들의 양, 나아가 편의품의 총량을 늘리는 데 아주 강력하게 기여할 것이기는 하지만, 그것이 한 나라에서의 가치 총액을 즉각 늘리지는 않을 것이다. 모든 외국 재화의 가치는 그것들과 교환될 토지와 노동의 생산물의 수량으로 측정되기 때문에, 새로운 시장의 발견으로 우리에게 주어진 수량과 교환해 외국 재화를 두 배로 획득한다고 해도 우리가 더 큰 가치를 얻는 것은 아닐 것이다. 만약 1,000파운드의 금액에 이르는 잉글랜드 재화의 구입으로 어떤 상인이 잉글랜드 시장에서 1,200파운드로 팔 수 있을 외국 재화의 일정 수량을 획득할 수 있다면, 그는 자기 자본의 투입으로 20퍼센트의 이윤을 얻을 것이다. 그러나 그의 이익도, 수입된 상품들의 가치도, 획득된 외국 재화의 양이 많고 적음에 따라서 증가하거나 감소하지는 않을 것이다. 예를 들어, 그가 포도주 25통을 수입하든 50통을 수입하든, 만약 어느 때에는 25통이, 다른 때에는 50통이 똑같이 1,200파운드에 판매된다면 그의 이익은 전혀 영향을 받을 수 없다. 어느 경우이든 그의 이윤은 200파운드, 즉 그의 자본의 20퍼센트로 제한될 것이다. 그리고 어느 경우이든 동일한 가치가 잉글랜드로 수입될 것이다. 만약 50통이 1,200파운드 이상으로 팔린다면 이 개별 상인의 이윤은 일반적 이윤율을 넘어설 것이고, 자연스럽게 자본이 이 수익성 있는 부문으로 흘러들어, 결국에는 포도주 가격이 하락해 모든 것이 이전 수준으로 될 것이다.

사실 다음과 같이 주장되기도 했다. 즉 특정 상인이 외국 무역에서 때때로 벌어들이는 큰 이윤이 나라 전체의 일반 이윤율을 끌어올릴 것이며, 다른 사용처로부터 자본을 빼내서 새로운 수익성 있는 외국 상업에 종사케 하는 것은 물가를 전반적으로 상승시키고, 또 그럼으로써 이윤을 증대시킬 것이라는 것이다. 최고 권위자는 이렇게 말하기도 했다. 즉 수요가 같은 수준으로 유지되어도, 곡물의 재배, 직물, 모자, 신발 등의 제조에 반드시 더 적은 자본이 충당되기 때문에, 이 상품의 가격이 인상됨으로써 외국 상인은 물론이고 영농자, 모자 제조업자, 의복 제조업자, 신발 제조업자도 늘어난 이윤을 얻게 되리라는 것이다.[53]

이런 주장을 지지하는 사람들은, 서로 다른 부문들의 이윤이 서로 일치하며, 함께 상승하고 함께 하락하는 경향이 있다는 것에 대해 나에게 동의한다. 우리가 다른 점은 이런 것이다. 즉 그들은 이윤의 균등성이 이윤의 일반적 상승 때문에 일어난다고 주장하며, 나는 유리한 부문의 이윤이 신속하게 일반 수준으로 내려앉을 것이라고 생각한다.

왜냐하면, 우선, 이 상품들에 대한 수요가 감소하지 않는 한, 반드시 더 적은 자본이 곡물의 재배, 직물, 모자, 신발 등의 제조에 충당될 것이라는 점을 나는 믿지 않기 때문이다. 만약 그렇다면 그것들의 가격은 오르지 않을 것이다. 외국 상품을 구매하는 데에, 잉글랜드의 토지와 노동의 생산물 중 동일한 비율이나 더 큰 비율, 또는 더 작은 비율이 사용될 수 있다. 만약 동일한 비율이 사용된다면 직물, 신발, 곡물, 모자에 대해 이전과 동일한 수요가 존재할 것이고, 자본의 동일한 비율이 그 생산에 충당될 것이다. 만약 외국 상품의 가격이 저렴해 잉글랜드의 토지와 노동의 연간 생산물 중 더 작은 비율이 외국 상품의 구매에 사용된다면, 다른 재화를 구매할 용도로 더 많은 것이 남게 될 것이다. 만약 모자, 신발, 곡물 등에 대해 전보다 더 많은 수요가 있다면, 이것은 외국 상품의 소비자들이 그들의 소득의 추가분을 여윳돈으로 가지고 있을 때 생길 수 있는 일인데, 이전에는 더 큰 가치의 외국 상품들을 구매하는 데 쓰이던 자본에도 여유가 생긴다. 그리하여 곡물, 신발 등의 수요가 늘어난 것과 더불어, 늘어난 공급을 확보할 수단도 존재하게 되며, 따라서 가격이든 이윤이든 영구적으로 상승할 수 없는 것이다. 만약 잉글랜드의 토지와 노동의 생산물 중 더 많은 것이 외국 상품의 구입에 사용된다면, 다른 재화의 구매에 더 적은 것이 사용될 수밖에 없을 것이고, 따라서 더 적은 모자, 신발 등이 필요할 것이다. 자본이 신발, 모자 등의 생산에서 풀려 나옴과 동시에, 더 많은 자본이 외국 상품을 구매하는 데 사용될 상품의 제조에 투입되어야 한다. 그리고 그 결과 모든 경우에, 가치에 관한 한, 외국 상품과 국내 상품 모두에 대한 수요가 그 나라의 수입과 자본의 제한을 받는다. 만약 하나가 증가하면 다른 하나는 반드시 감소한다. 만약 동일한 양의 잉글랜드 상품과 교환해 수입된 포도주의 양이 두 배가 되면, 잉글랜드 사람들은 이전에 소비하던 포도주 양의 두 배를, 또는 동일한 양의 포도주와 더 많은 양의 잉글랜드 상품을 소비할 수 있게 된다. 만약 내 수입이 1,000파운드였고, 그것으로 매년 한 통의 포도주를 100파운드에, 일정 양의 잉글랜드 상품을 900파운드에 구입했다면, 포도주가 한 통당 50파운드로 떨어질 때 나는 절약된 50파운드를 포도주 한 통을 추가로 구입하거나 아니면 더 많은 잉글랜드 상품을 구입하는 데 지출할 수 있을 것이다. 만약 내가 포도주를 더 구입하고, 또 모든 포도주 애용자들도 그렇게 한다면, 외국무역은 조금도 교란되지 않을 것이다. 잉글랜드 상품들의 동일한 양이 포도주와 교환되어 수출될 것이고, 우리는 포도주 가치의 두 배가 아니라 두 배의 양을 받을 것이다. 그러나 만약 나와 다른 사람들이 이전과 동일한 양의 포도주로 만족한다면, 더 적은 잉글랜드 상품들이 수출될 것이고, 포도주 애용자들은 이전에 수출되던 상품을 소비하거나, 아니면 자신들이 좋아하는 다른 상품을 소비할 수 있을 것이다. 생산에 필요한 자본은 외국무역에서 풀려 나온 자본으로 공급될 것이다.

자본이 축적되는 데에는 두 가지 방법이 있다. 즉 그것은 늘어난 소득의 결과로, 또는 줄어든 소비의 결과로 저축될 수 있다. 만약 내 이윤이 1,000파운드에서 1,200파운드로 늘어났는데 내 지출은 같은 수준을 유지한다면, 나는 이전에 그랬던 것에 비해 매년 200파운드를 더 축적한다. 만약 내가 지출에서 200파운드를 절약하고 이윤은 같은 수준으로 유지한다 해도 동일한 효과가 산출될 것이다. 즉 연간 200파운드가 내 자본에 추가될 것이다. 포도주를 수입하는 상인은, 이윤이 20퍼센트에서 40퍼센트로 오른 뒤에는 자신의 잉글랜드 재화를 1,000파운드에 구입하는 대신에 857파운드 2실링 10펜스에 구입할 것이며, 그 재화를 주고 수입한 포도주를 여전히 1,200파운드에 판매할 것이다. 또는 만약 그가 자신의 잉글랜드 재화를 1,000파운드에 계속 구입한다면, 그는 자신의 포도주 가격을 1,400파운드로 올릴 것임에 틀림없다. 그리하여 그는 자신의 자본에 대해 20퍼센트가 아닌 40퍼센트의 이윤을 획득할 것이다. 그러나 만약 모든 상품들이 저렴해 그와 여타 모든 소비자들이 이전에 지출하던 1,000파운드 중에서 200파운드의 가치를 절약할 수 있다면, 그들은 더 효과적으로 그 나라의 실질 부를 늘릴 것이다. 전자의 경우에는 소득이 증가해 저축이 이루어지고, 후자의 경우에는 지출이 감소해 〔저축이〕 이루어질 것이다.

만약 기계의 도입으로, 소득으로 구매되는 상품 대다수의 가치가 20퍼센트 하락한다면, 나는 소득이 20퍼센트 증가한 것과 똑같이 유효하게 저축을 할 수 있게 될 것이다. 그러나 전자의 경우에는 이윤율이 불변이고, 후자의 경우에는 20퍼센트 인상된다―만약 저렴한 외국 재화의 도입으로 지출에서 20퍼센트를 절약할 수 있다면, 그 효과는 기계가 생산 비용을 낮춘 정도와 정확히 같은 것이 되겠지만 이윤은 오르지 않을 것이다.

그러므로 시장의 확대가 상품의 총량을 증가시키는 데 똑같이 유효하고, 그럼으로써 노동의 유지에 사용될 기금과, 노동을 고용하는 데 사용될 재료들을 증대시킬 수 있게 되더라도, 이윤율이 인상되는 것은 시장의 확대의 결과가 아니다. 노동의 더 나은 배분, 각 나라가 그 상황, 그 기후, 여타 자연적 및 인위적 이점으로 각각에 적합하게 된 상품들을 생산하는 것, 그리고 그것들을 다른 나라의 상품들과 교환하는 것으로 편의품들이 증가된다는 것은, 그것들이 이윤율의 상승으로 증가되는 것과 똑같이 인류의 행복에 아주 중요하다.

나는 이 책을 통해, 이윤율은 임금의 하락이 아니고는 결코 높아질 수 없으며, 임금으로 구입되는 필수품의 가격이 하락할 때 외에는 임금의 영구적 하락이 있을 수 없다는 것을 증명하려고 노력했다. 그러므로 만약 외국무역의 확대 또는 기계의 개량을 통해 노동자의 식량과 필수품이 하락한 가격으로 시장에 출시될 수 있다면 이윤은 상승할 것이다. 우리가 직접 곡물을 재배하거나 노동자의 의복과 기타 필수품을 제조하지 않고, 이 상품들을 더 저렴한 가격으로 조달할 수 있는 새로운 시장을 발견한다면, 임금은 하락하고 이윤은 증가할 것이다. 그러나 만약 외국 상업의 확대 또는 기계의 개량을 통해 저렴한 가격으로 얻은 상품들이 모두 부자들이 소비하는 상품들이라면 이윤율에는 아무런 변화가 일어나지 않을 것이다. 포도주, 벨벳, 비단 및 기타 고가의 상품들이 50퍼센트 하락하더라도 임금률은 영향을 받지 않을 것이며, 따라서 이윤도 변함없이 지속될 것이다.

그리하여 외국무역이 소득 지출 대상의 양과 종류를 늘려주고 상품의 풍부함과 저렴함으로 저축과 자본 축적을 자극한다는 점에서 한 나라에 매우 유익하긴 하지만, 외국무역은, 수입되는 상품들이 노동의 임금으로 구매되는 그런 종류가 아닌 한, 자재의 이윤을 증가시키는 경향을 띠지 않는다.

외국무역에 대해 지금까지 제시한 견해는 국내 교역에도 똑같이 적용된다. 이윤율은 노동의 더 나은 배분을 통해서든, 기계의 발명을 통해서든, 도로와 운하의 건설을 통해서든, 또는 제조업이나 재화의 운반에서 노동을 줄이는 어떤 수단을 통해서든 결코 높아지지 않는다. 이것들은 가격에 영향을 주는 원인들로서, 소비자들에게는 언제나 매우 유익하다. 왜냐하면 그것들은 소비자들이 동일한 노동으로써, 또는 동일한 노동의 생산물의 가치로써, 더 많은 양의 개량된 상품을 교환할 수 있게 해주기 때문이다. 그러나 그것들은 이윤에는 아무런 효과도 주지 않는다. 반면에, 노동 임금의 감소는 언제나 이윤을 늘리는 대신에, 상품의 가격에는 아무런 영향을 주지 않는다. 전자는 모든 계급에 유익한데, 그것은 모든 계급이 소비자이기 때문이다. 후자는 생산자들에게만 이롭다. 그들은 더 많이 얻지만, 모든 것은 이전 가격에 머물러 있다. 첫째 경우에 그들은 이전과 같은 것을 얻지만, 그들이 얻은 것으로 구매되는 모든 것은 교환가치가 감소한다.

한 나라에서 상품의 상대 가치를 규제하는 것과 동일한 규칙이 둘 또는 그 이상의 나라들 사이에 교환되는 상품의 상대 가치를 규제하지는 않는다.

완전한 자유 상업 체제하에서, 각국은 당연히 자본과 노동을 자국에 가장 이로운 사업에 충당한다. 이러한 개별적 우위의 추구는 전체의 보편적 선善과 잘 연계된다. 각국은 근면을 고취하고, 재능에 대해 보상하며, 자연이 준 특유의 능력을 가장 효과적으로 사용함으로써, 노동을 가장 효과적이고 가장 경제적으로 배분한다. 한편 각국은 생산 총량을 늘림으로써 일반적 이익을 확산시키고, 이익과 교류라는 하나의 공통된 유대가 문명 세계 전체에 걸친 보편적 국제 사회를 결속시킨다. 포도주가 프랑스와 포르투갈에서 만들어지고, 곡물은 아메리카와 폴란드에서 재배되며, 철물과 기타 재화들은 잉글랜드에서 제조되도록 결정하는 것은 바로 이 원리이다.

일반적으로 말해서 하나의 동일한 나라에서, 이윤은 언제나 동일한 수준에 있거나, 자본의 투입이 얼마나 안전하고 쾌적한가에 따라서만 다를 뿐이다. 서로 다른 나라들 사이에서는 그렇지 않다. 만약 요크셔에서 투자된 자본의 이윤이 런던에서 투자된 자본의 이윤을 초과한다면, 자본은 런던에서 요크셔로 신속하게 이동할 것이며, 이윤의 균등성이 실현될 것이다. 그러나 자본과 인구의 증가 때문에 잉글랜드 토지의 생산율이 저하되어 임금이 상승하고 이윤이 하락한다고 하더라도, 자본과 인구가 이윤이 더 높은 네덜란드나 스페인, 또는 러시아로 반드시 이동할 것이라는 논리가 성립되는 것은 아니다.

만약 포르투갈이 다른 나라들과 아무런 통상 관계를 맺고 있지 않다면, 그 나라는 자본과 근로의 대부분을 포도주 생산에 투입해 그것으로 직물과 철물을 다른 나라로부터 구입하는 대신에, 그 자본의 일부를 그런 상품의 제조에 충당하지 않을 수 없을 것인데, 그렇게 획득한 상품은 아마도 양에

서뿐만 아니라 질에서도 열등할 것이다.

그 나라가 잉글랜드의 직물과 교환해 내놓을 포도주의 양은, 두 상품 모두가 잉글랜드에서 제조되거나 모두 포르투갈에서 제조될 경우에 그런 것처럼 각 상품의 생산에 충당된 노동의 양에 따라 결정되지 않는다.

잉글랜드는 직물을 생산하는 데 연간 100명의 노동이 필요한 상황에 있으며, 잉글랜드가 포도주를 생산하려고 할 경우 동일한 기간 동안 120명의 노동이 필요하다고 해보자. 그러면 잉글랜드는 포도주를 수입하고, 또 직물을 수출해 포도주를 구매하는 것이 이익임을 알게 될 것이다.

포르투갈에서 포도주를 생산하는 데는 연간 80명의 노동만이 필요하며, 같은 나라에서 직물을 생산하는 데는 연간 90명의 노동이 필요할 수도 있다. 그러면 포르투갈은 포도주를 수출하여 직물과 교환하는 것이 유리할 것이다. 포르투갈이 수입하는 상품이 잉글랜드에서보다 포르투갈에서 더 적은 노동으로 생산될 수 있음에도 불구하고 이 교환은 일어날 것이다. 비록 포르투갈은 직물을 90명의 노동으로 만들 수 있지만, 그것을 생산하는 데 100명의 노동이 필요한 나라로부터 그것을 수입할 것이다. 왜냐하면 포르투갈은, 그 자본의 일부를 포도 재배에서 직물 제조로 전환시켜서 생산할 수 있는 것보다 많은 직물을, 잉글랜드에서 획득하게 해주는 포도주 생산에 그 자본을 투입하는 것이 유리할 것이기 때문이다. 그리하여 잉글랜드는 80명의 노동의 생산물에 대해 100명의 노동의 생산물을 내놓을 것이다. 그러한 교환은 동일 국가의 개인들 사이에서는 일어날 수 없을 것이다. 잉글랜드인 100명의 노동이 잉글랜드인 80명의 노동에 대한 대가로 주어질 수는 없지만, 잉글랜드인 100명의 노동의 생산물은 포르투갈인 80명, 러시아인 60명, 또는 동인도인 120명의 노동의 생산물에 대한 대가로는 주어질 수 있다. 단일 국가와 다수 국가 사이의 이런 차이는, 자본이 더 수익성 있는 사용처를 찾아 한 나라에서 다른 나라로 이동하는 데 수반되는 곤란과, 자본이 동일한 나라 안에서 한 지방에서 다른 지방으로 늘 돌아다니는 활동성을 고찰함으로써 쉽게 설명된다.[54]

그런 사정하에서는 포도주와 직물 모두가 포르투갈에서 만들어지고, 따라서 직물을 만드는 데 투입된 잉글랜드의 자본과 노동이 바로 그 목적에서 포르투갈로 이동되는 것이 잉글랜드 자본가들과 두 나라의 소비자들에게 유리할 것임은 의심의 여지가 없다. 그 경우에 이들 상품의 상대 가치는, 하나가 요크셔의 생산물이고 다른 하나가 런던의 생산물인 경우와 마찬가지의 원리로 규제될 것이다. 그리고 그 밖의 모든 경우에도, 자본이 가장 수익성 있게 투입될 수 있는 나라로 자본이 자유롭게 흘러간다면 이윤율의 격차가 있을 수 없을 것이며, 상품들을 그것이 팔릴 시장으로 운반하는 데 필요한 추가 노동량 이외에는 상품의 실질 가격, 즉 노동 가격에 어떤 차이도 없을 것이다.

그러나 경험이 보여주는바, 자본이 그 소유자의 즉각적 통제하에 있지 않을 때의 자본의 상상되는 또는 실제의 불안정성은, 사람이 출생지와 친지들이 있는 나라를 떠나서 모든 습관이 굳어진 자신을 낯선 정부와 새로운 법률에 의탁하는 것에 대해 모두가 느끼는 자연적 혐오감과 더불어, 자본의 유출을 억제한다. 이러한 감정이 약화되는 것은 유감이지만, 그것은 대부분의 재산가들이 외국에서 부의 더욱 유리한 사용처를 찾기보다는 고국에서 낮은 이윤율에 만족하도록 이끈다.

금과 은이 일반적 유통 매개물로 선택되었기 때문에, 그것들은 상업상의 경쟁에 의해, 그런 금속이 존재하지 않아서 국가 간의 무역이 순전히 물물 교환일 때 일어났을 자연적 교류에 순응할 정도의 비율로 세계의 여러 국가들 간에 배분된다.

그리하여 직물이 포르투갈에 수입되려면, 그것을 수출하는 나라에서 치르는 값보다 포르투갈에서 더 많은 금을 받고 팔릴 수 있어야 한다. 그리고 포도주가 〔포르투갈에서〕 잉글랜드로 수입되려면, 그것이 포르투갈에서 치르는 값보다 잉글랜드에서 더 많이 받고 팔릴 수 있어야 한다. 만약 무역이 순전히 물물 교환이라면, 그것이 지속될 수 있는 것은 잉글랜드가 일정한 노동량으로 포도 재배 대신에 직물 제조로 더 많은 양의 포도주를 획득할 수 있을 만큼 직물을 저렴하게 생산할 수 있을 동안뿐일 것이며, 또 포르투갈의 산업에 정반대의 효과가 일어날 동안뿐일 것이다. 이제 잉글랜드가 포도주 양조법을 발견해 그것을 수입하기보다 오히려 그것을 생산하는 것이 유리하게 되었다고 해보자. 그 나라는 당연히 그 자본의 일부를 외국무역에서 국내 교역으로 전환할 것이다. 그 나라는 수출용 직물 제조를 중단하고 포도주를 직접 생산할 것이다. 이에 따라 이 상품들의 화폐 가격이 조정될 것이다. 이 나라에서 포도주는 [가격이] 하락하는 반면 직물은 그 이전 가격으로 유지될 것이며, 포르투갈에서는 어떤 상품의 가격도 변동하지 않을 것이다. 직물은 잉글랜드보다 포르투갈에서 가격이 계속 더 높을 것이기 때문에 당분간 잉글랜드에서 계속 수출될 것이다. 그러나 포도주가 아닌 화폐[55]가 그것과 교환해 제공될 것이며, 결국에는 잉글랜드에서의 화폐축적과 해외에서의 화폐 축적의 감소가 두 나라에서 직물의 상대 가치에 영향을 주어, 그것을 수출하는 것이 잉글랜드에 더 이상 유리하지 않게 될 것이다. 만약 포도주 제조의 개량이 매우 중요한 종류의 것이라면, 이 두 나라가 사업 부문을 교환하는 것이, 즉 잉글랜드가 모든 포도주를 만들고 포르투갈이 두 나라가 소비하는 모든 직물을 만드는 것이 유리할 수도 있을 것이다. 그러나 이런 일은 잉글랜드에서는 직물의 가격을 올리고 포르투갈에서는 낮추는, 귀금속의 새로운 분배를 통해서만 일어날 수 있을 것이다. 잉글랜드에서는 포도주 제조의 개량에서 오는 실질적 이점의 결과로 포도주의 가격이 하락할 것이다. 그 자연 가격이 하락할 것이라는 것이다. 거기서의 직물의 상대 가격은 화폐의 축적 때문에 상승할 것이다.

그리하여 잉글랜드에서 포도주 제조의 개량이 있기 전에 잉글랜드의 포도주 가격이 한 통당 50파운드이고 직물 일정량의 가격이 45파운드였던 반면, 포르투갈에서는 같은 양의 포도주의 가격이 45파운드이고 같은 양의 직물의 가격이 50파운드였다고 하자. 포도주는 5파운드의 이윤으로 포르투갈에서 수출될 것이며 직물은 동일한 액수의 이윤으로 잉글랜드에서 수출될 것이다.

개량 이후에 잉글랜드에서는 포도주가 45파운드로 하락하고, 직물은 계속 동일한 가격을 유지한다고 하자. 모든 상업 거래는 독립적 거래이다. 어떤 상인이 잉글랜드에서 직물을 45파운드에 살 수 있고 그것을 포르투갈에서 통상적 이윤으로 팔 수 있는 동안에, 그는 계속 그것을 잉글랜드에서 수출할 것이다. 그의 사업은 단순히 잉글랜드 직물을 구입하고 포르투갈 화폐로 구입한 환어음으로 그 대가를 지불하는 것이다. 이 돈이 어떻게 될지는 그에게 전혀 중요하지 않다. 그는 어음의 발송을 통해 자신의 채무를 청산할 것이다. 그의 거래는 의심할 나위 없이 그가 이 어음을 얻을 수 있는 조건의 규제를 받지만, 그것은 그 당시에 이미 그에게 알려져 있다. 그리고 어음의 시장 가격, 즉 교환율에 영향을 줄 수 있는 원인은 그의 고려 사항이 아니다.

만약 시장이 포도주를 포르투갈에서 잉글랜드로 수출하는 데 유리하다면, 포도주 수출업자는 어음의 판매자가 될 것이며, 직물 수입업자가 아니면 이 어음을 그에게 판매한 사람이 어음을 구입할 것이다. 그리하여 어떤 나라에서도 화폐의 이동 없이, 각국의 수출업자들은 그 재화에 대한 대가를 지불받을 것이다. 서로 직접적인 거래를 하지 않고도, 직물 수입업자가 포르투갈에서 지불한 화폐는 포르투갈의 포도주 수출업자에게 지불될 것이며, 잉글랜드에서는 동일한 어음의 양도를 통해 직물 수출업자가 포도주 수입업자로부터 그 대가를 수취할 권한을 얻게 될 것이다.

그러나 만약 포도주 가격이 아무 포도주도 잉글랜드로 수출될 수 없을 수준이 된다 하더라도, 직물 수입업자는 똑같이 어음을 구입할 것이다. 그러나 어음 판매자는 최종적으로 두 나라 사이의 거래를 청산할 수 있는 대응 어음이 시장에 없다는 정보를 갖고 있을 것이기 때문에 그 어음의 가격은 높아질 것이다. 그는, 자신의 어음과 교환해 받은 금화나 은화가 실제로 잉글랜드의 교역 상대국에 수출되어야 〔자신이〕 자신에게 보내라고 인정한 대금 청구에 응할 수 있음을 알고 있을 것이며, 따라서 그는 자신의 어음 가격에 자신의 통상적인 공정한 이윤과 함께 모든 부수 경비를 부과할 것이다.

그리하여 만약 잉글랜드의 어음에 대한 이러한 프리미엄이 직물 수입의 이윤과 동일하다면, 당연히 수입은 중단될 것이다. 그러나 만약 어음에 대한 프리미엄이 2퍼센트에 불과하다면, 즉 잉글랜드에서 100파운드의 채무가 청산되려면 포르투갈에서 102파운드가 지불되어야 하는 반면에 45파운드짜리 직물이 50파운드에 팔릴 것이라면 직물은 수입될 것이며, 어음은 구매될 것이고, 화폐가 수출되어, 마침내 포르투갈의 화폐 감소와 잉글랜드의 화폐 축적이 이 거래를 계속하는 것을 더 이상 수익성이 없는 가격 상태로 만들 것이다.

그러나 한 나라에서의 화폐 감소와 다른 나라에서의 화폐 증가는 한 상품의 가격에만 영향을 주지 않고 모든 상품의 가격에 영향을 주며, 따라서 포도주와 직물의 가격 모두 잉글랜드에서 인상될 것이며, 두 가격 모두 포르투갈에서 하락할 것이다. 잉글랜드에서 45파운드, 포르투갈에서 50파운드이던 직물의 가격은 아마도 포르투갈에서는 49파운드나 48파운드로 하락할 것이고 잉글랜드에서는 46파운드나 47파운드로 상승할 것이며, 어음에 대한 프리미엄을 지불한 뒤에는 어떤 상인이라도 그 상품을 수입하도록 유인할 만큼 충분한 이윤을 제공하지 않을 것이다.

그리하여 각국의 화폐는 수익성 있는 물물 교환을 조장하는 데 필요한 만큼의 양만 각국에 배분된다. 잉글랜드는 포도주와 교환해 직물을 수출했는데, 그것은 그렇게 함으로써 잉글랜드의 근로가 더욱 생산적이게 되었기 때문이다. 잉글랜드는 두 가지 모두를 스스로 제조할 때보다 더 많은 직물과 포도주를 얻었다. 그리고 포르투갈은 직물을 수입하고 포도주를 수출했는데, 그것은 포르투갈의 근로가 두 나라 모두를 위해 포도주를 생산하는 데 더욱 효과적으로 사용될 수 있었기 때문이다. 잉글랜드에서 직물을 생산하는 데, 또는 포르투갈에서 포도주를 생산하는 데 곤란이 증대한다면, 또는 잉글랜드에서 포도주를 생산하는 데, 또는 포르투갈에서 직물을 생산하는 데 편리성이 증대한다면, 무역은 즉각 중단될 것임에 틀림없다.

포르투갈의 상황에 아무런 변화가 없는데 잉글랜드가 포도주 제조에 노동을 더욱 생산적으로 고용할 수 있음을 알게 된다면, 두 나라 사이의 물물 교환은 곧바로 변화한다. 포르투갈로부터의 포도주 수출이 중단될 뿐만 아니라, 귀금속의 새로운 분배가 일어나서 그 나라의 직물 수입도 저지된다.

아마도 두 나라 모두 포도주와 직물을 스스로 만드는 것이 이익임을 알게 될 것이다. 그러나 다음과 같은 특이한 결과가 생길 것이다. 즉 잉글랜드에서는 포도주가 저렴해지는 반면 직물 가격이 인상되어 소비자가 직물에 지불하는 것이 많아질 것이다. 한편 포르투갈에서는 직물과 포도주 소비자들 모두가 그 상품들을 더 저렴하게 구입할 수 있을 것이다. 개량이 이루어진 나라에서는 가격이 인상될 것이다. 아무런 변화가 일어나지 않았지만 수익성 있는 외국무역 분야를 박탈당한 나라에서는 가격이 하락할 것이다.

그러나 이것은 포르투갈의 겉으로 보이는 이점일 뿐이다. 왜냐하면 그 나라에서 생산된 직물과 포도주의 총량은 감소하는 반면 잉글랜드에서 생산되는 수량은 증가할 것이기 때문이다. 화폐가치는 두 나라에서 어느 정도 변화할 것인데, 잉글랜드에서는 하락하고 포르투갈에서는 상승할 것이다. 화폐로 측정하면 포르투갈의 총소득은 감소할 것이며, 동일한 매개물로 측정할 때 잉글랜드의 총소득은 증가할 것이다.

그렇다면, 어느 나라에서든 제조업의 개량은 세계 각국 간의 귀금속의 배분을 변경하는 경향이 있다. 즉 제조업의 개량은 개량이 일어난 나라에서 상품의 양을 증대시킴과 동시에 일반 물가를 인상시키는 경향이 있는 것처럼 보인다.

문제를 단순화하기 위해, 나는 두 나라 간의 무역이 두 상품, 즉 포도주와 직물에 한정된다고 가정해왔다. 그러나 잘 알려져 있듯이 수많은 다양한 품목들이 수출과 수입 목록에 들어 있다. 한 나라에서 화폐를 유출해 다른 나라에 축적하는 것은 모든 상품의 가격에 영향을 주며, 결과적으로 화폐 이외의 훨씬 더 많은 상품의 수출에 자극이 가해지는데, 따라서 이것은 그렇지 않은 경우에 기대할 수 있는 것만큼 큰 효과가 두 나라의 화폐가치에 일어나는 것을 막아줄 것이다.

숙련과 기계의 개량 외에도, 무역의 자연적 흐름에 끊임없이 영향을 주고 균형과 화폐의 상대 가치에 간섭하는 다른 요인들이 다양하게 존재한다. 수출이나 수입에 대한 보조금, 상품에 대한 새로운 세금은 때로는 직접적인 방식으로, 때로는 간접적인 방식으로 자연스러운 물물 교환을 교란하고, 결과적으로 자연적인 상업 흐름에 따라 가격이 조정될 수 있게 화폐를 수입하거나 수출할 필요성을 초래한다. 그리고 이 효과는 교란 원인이 일어난 나라에서뿐만 아니라, 정도의 차이는 있지만 상업 영역의 모든 나라에서 발생한다.

이것이 어느 정도까지 여러 나라의 상이한 화폐가치를 설명해줄 것이다. 그것은 왜 국내 상품들의 가격과, 상대적으로 가치는 작지만 부피가 큰 상품들의 가격이, 다른 원인들과는 무관하게 제조업이 번성한 나라에서 더 높은지를 설명해줄 것이다. 정확히 같은 인구와 동일한 양의 동일한 비옥도를 보이는 경작 중인 토지를 보유하고, 농업 지식까지 동일한 두 나라 중에서, 수출 상품의 제조에 더 숙련된 기술과 더 좋은 기계가 사용되는 나라에서 농산물의 가격이 더 높을 것이다. 이윤율은 아마도 거의 다르지 않을 것이다. 왜냐하면 임금, 즉 노동자에 대한 실질적 보상은 두 나라에서 같을 것이기 때문이다. 그러나 농산물과 함께 임금도, 그 나라의 숙련과 기계에 부수되는 이점들 때문에 그 나라의 재화와 교환되어 풍부한 화폐가 수입되는 나라 쪽에서, 화폐로 평가해서 더 높을 것이다.

이 두 나라 중에서 만약 한 나라가 한 품질의 재화의 제조에서 우위를 보이고 다른 한 나라가 다른 품질의 재화의 제조에서 우위를 보인다면, 어느 쪽으로든 귀금속의 확정된 유입은 없을 것이다. 그러나 만약 우위성이 어느 한쪽에 유리하게 아주 확실하게 기울어진다면 그 효과는 불가피할 것이다.

이 책의 앞부분에서 우리는 논의를 위해, 화폐가 언제나 동일한 가치를 유지한다고 가정했다. 이제 우리는 다음을 증명하기 위해 노력하고자 한다. 즉 화폐가치의 일상적인 변동과 전 상업 세계에 공통적인 변동 외에도, 특정 국가에서 화폐가 겪게 되는 부분적인 변동이 있으며, 사실상 화폐가치는 상대적인 조세 제도에 따라, 제조업의 숙련에 따라, 기후, 자연 생산물, 그리고 기타 많은 원인들에서 오는 이점에 따라 달라지기 때문에, 어떤 두 나라에서도 결코 같지 않다는 것이다.

그러나 화폐가 그처럼 끊임없는 변동을 겪고, 결과적으로 대부분의 나라에서 공통적인 상품의 가격 또한 상당한 차이를 겪는다고 하더라도, 화폐의 유입이나 유출 어느 쪽으로부터도 이윤율에 영향을 주는 일은 없을 것이다. 유통 매개물이 증가한다고 해서 자본이 증가하지는 않을 것이다. 만약 한 나라에서 영농자가 지주에게 지불하는 지대와 노동자에게 지불하는 임금이 다른 나라에서보다 20퍼센트만큼 높고, 그와 동시에 영농자의 자본의 명목 가치가 20퍼센트 더 높다면, 그는 자신의 농산물을 20퍼센트 더 높게 판매할지라도 정확히 동일한 이윤율을 수취할 것이다.

아무리 강조해도 지나침이 없지만, 이윤은 임금에 좌우된다. 그것은 명목 임금이 아닌 실질 임금에 좌우되며, 노동자에게 연간 지불될 파운드가 아니라 그 파운드들을 획득하는 데 필요한 노동일에 좌우된다. 그러므로 노동자가 두 나라 중 한 나라에서 한 주에 10실링을 받고 다른 나라에서 12실링을 받을지라도 임금은 두 나라에서 정확히 같을 것이며, 또한 임금은 지대와, 토지에서 얻는 전 생산물에 대해서도 동일한 비율일 것이다.

사회의 초기 상태에서는, 제조업이 거의 진보하지 못했고 모든 나라의 생산물이 거의 유사해 부피가 크고 가장 유용한 상품들로 구성되기 때문에, 서로 다른 나라에서 화폐의 가치는 주로 귀금속을 공급하는 광산으로부터 그 나라까지의 거리에 따라 주로 규제될 것이다. 그러나 사회의 기술과 개량이 진전되고 여러 나라들이 특정한 제조업에서 우수성을 보임에 따라, 거리가 여전히 계산에 들어가긴 하겠지만, 귀금속의 가치는 그런 제조업의 우수성의 정도에 따라 규제될 것이다.

모든 나라가 곡물, 소, 거친 의복만을 생산하며, 바로 그런 상품을 수출함으로써 그것들을 생산하는 나라들, 또는 그것들을 지배하는 나라들로부터 금을 획득할 수 있다고 생각해 보자. 금은 당연히 잉글랜드보다 폴란드에서 더 큰 교환가치를 지닐 것인데, 그 이유는 곡물과 같이 부피가 큰 상품을 더욱 먼 곳에 항해로 보내는 데 더 많은 비용이 들고, 금을 폴란드로 보내는 데 더 큰 비용이 수반되기 때문이다.

비록 잉글랜드에서 곡물을 생산하는 편리성이 토지의 더 높은 비옥도와 노동자의 숙련과 개량에서의 우월성 때문에 폴란드의 그것을 훨씬 능가하더라도, 두 나라의 금 가치의 이런 차이, 또는 같은 것으로서, 곡물 가격의 이런 차이는 존재할 것이다.

그러나 만약 폴란드가 그 제조업을 개량하는 최초의 나라가 된다면, 작은 부피에 큰 가치를 담는, 일반적으로 욕구되는 어떤 상품을 만드는 데 성공한다면, 또는 일반적으로 욕구되고 다른 나라에 없는 어떤 자연 생산물을 유일하게 보유하고 있다면, 그 나라는 이 상품과 교환해 추가량의 금을 획득할 것이며, 그것은 그 나라의 곡물, 소, 거친 의복의 가격에 영향을 줄 것이다. 거리상의 불리한 점은 아마도 큰 가치가 있는 수출 가능한 상품으로 보상받을 것이며, 폴란드에서 화폐는 잉글랜드에 비해 영구적으로 낮은 가치를 지닐 것이다. 반면에 잉글랜드가 숙련과 기계의 이점을 보유하고 있다면, 왜 금의 가치가 폴란드보다 잉글랜드에서 낮으며, 왜 곡물, 소, 의복의 가격이 잉글랜드에서 더 높은가에 대한 이전에 존재했던 이유에 또 다른 것이 추가될 것이다.

나는 이것들이 세계 여러 나라에서 화폐의 비교가치를 규제하는 단 두 가지 이유라고 믿는다. 왜냐하면, 조세가 화폐의 균형을 교란한다 하더라도, 조세가 부과되는 나라로부터 숙련, 근면, 기후에 수반되는 몇 가지 이점을 빼앗아 감으로써 그렇게 하기 때문이다.

지금까지의 나의 노력은 화폐의 낮은 가치와 곡물 또는 화폐와 비교되는 어떤 다른 상품의 높은 가치를 신중하게 구별하는 것이었다. 이것들은 일반적으로 동일한 의미라고 간주되어왔다. 그러나 곡물 가격이 부셸당 5실링에서 10실링으로 상승할 때 그것은 화폐가치의 하락에 기인할 수도 있고 곡물 가치의 상승에 기인할 수도 있음이 분명하다. 그리하여 우리는, 늘어난 인구를 부양하기 위해 더 나쁜 등급의 토지에 하나씩하나씩 의존해야 할 필요성 때문에 곡물의 상대가치가 다른 것에 비해 상승할 것임에 틀림없다는 것을 알았다. 그러므로 만약 화폐가 영구적으로 동일한 가치를 계속 지니면, 곡물은 그 화폐의 더 많은 양과 교환될 것이다. 즉 곡물의 가격이 상승할 것이다. 독특한 이점이 있는 상품을 제조할 수 있게 해줄 제조업에서의 기계의 개량을 통해서도 곡물 가격의 동일한 상승이 일어날 것이다. 왜냐하면 화폐의 유입이 그 결과가 될 것이기 때문이다. 그러면 화폐의 가치

는 떨어질 것이고, 따라서 화폐가 더 적은 양의 곡물과 교환
될 것이다. 그러나 곡물의 높은 가격이 곡물 가치의 상승 때
문에 일어날 때의 결과와, 화폐가치의 하락 때문에 일어날
때의 결과는 전혀 다르다. 두 경우 모두 임금의 화폐 가격이
상승할 것이지만, 그것이 화폐가치의 하락의 결과라면, 임금
과 곡물뿐만 아니라 모든 다른 상품들의 가격도 상승할 것이
다. 만약 제조업자가 더 많은 임금을 지불해야 한다면, 그는
제조품에 대해 더 많이 수취할 것이고, 따라서 이윤율은 영
향 받지 않을 것이다. 그러나 곡물 가격의 상승이 생산의 곤
란성〔의 증대〕의 결과일 때는 이윤이 하락할 것이다. 왜냐하
면 제조업자는 임금을 더 지불하지 않으면 안 될 것이지만,
제조품의 가격을 올려서 보상을 받을 수는 없을 것이기 때문
이다.

광산 작업의 편리성의 개선은 어떤 것이든, 더 적은 양의
노동으로 귀금속을 생산할 수 있게 함으로써 화폐의 가치를
전반적으로 떨어뜨릴 것이다. 그리하여 귀금속은 모든 나라
에서 더 적은 상품과 교환될 것이다. 그러나 어떤 특정한 나
라가 그 나라로의 화폐 유입을 일으킬 만큼 제조업에서 우위
를 보이면, 그 나라에서는 화폐의 가치가 하락하고, 곡물과
노동의 가격이 다른 어느 나라보다 상대적으로 더 높아질 것
이다.

이 높아진 화폐가치는 환시세로는 표시되지 않을 것이다.

한 나라에서 곡물과 노동의 가격이 다른 나라보다 10퍼센트, 20퍼센트, 또는 30퍼센트 더 높아도, 어음은 평가平價로 계속 유통될 수 있다. 여기서 상정된 상황에서는, 그러한 가격의 차이가 사물의 자연적 질서이며, 제조업에서 우위에 있는 나라로 충분한 화폐량이 유입되어 그 〔나라의〕 곡물과 노동의 가격을 올릴 때에만 환시세가 평가에 있을 수 있다. 만약 해외 국가들이 화폐의 수출을 금지하고 그런 법률을 성공적으로 강제할 수 있다면, 그 나라들은 실제로 제조 국가의 곡물과 노동의 가격 상승을 막을 수 있을 것이다. 왜냐하면 그러한 상승은, 지폐가 사용되지 않는다는 가정하에서, 귀금속의 유입 이후에만 일어날 수 있기 때문이다. 그러나 그 나라들은 환시세가 자국에 매우 불리해지는 것을 막을 수는 없을 것이다. 만약 잉글랜드가 제조 국가이고 화폐의 수입을 막을 수 있다면, 프랑스, 네덜란드, 스페인과의 환시세가 이들 나라에 대해 5퍼센트, 10퍼센트, 또는 20퍼센트 불리해질 수 있을 것이다.

화폐의 유통이 강제로 정지될 때마다, 그리고 화폐가 정당한 수준에 정착하는 것이 방해될 때마다, 환시세의 가능한 변동에는 한계가 없다. 그 효과는, 보유자의 의지대로 정화와 교환될 수 없는 지폐가 강제로 유통될 때 뒤따르는 효과와 유사하다. 그런 통화는 반드시 그것이 발행된 나라에만 한정된다. 즉 그것이 너무 많을 때는 다른 나라들에 일반적으로 확산될 수 없다. 유통 수준이 붕괴되고, 환시세는 불가피하게 화폐의 수량이 너무 많은 나라에 불리해질 것이다. 무역의 흐름이 화폐가 다른 나라를 향하도록 자극할 때 강제적 수단, 즉 회피할 수 없는 법률에 의해 화폐가 한 나라에 묶여 있을 경우에는, 금속 유통에서 바로 그런 효과가 나타날 것이다.

각국이 각자가 보유해야 할 만큼의 화폐량을 정확히 보유하고 있을 때도, 화폐는 사실상 각국에서 동일한 가치가 아닐 것이다. 왜냐하면 많은 상품에 대해 화폐가 5퍼센트, 10퍼센트, 또는 20퍼센트까지 다를 수 있지만, 환시세는 평가에 있을 것이기 때문이다. 잉글랜드에서의 100파운드, 또는 100파운드에 해당하는 은으로 프랑스, 스페인, 또는 네덜란드에서 100파운드의 어음, 또는 동일 양의 은을 구입할 수 있을 것이다.

서로 다른 나라에서의 환시세와 화폐의 비교가치에 대해 말할 때, 우리는 어느 나라에서든 상품으로 측정된 화폐의 가치를 조금이라도 암시하면 안 된다. 환시세는 결코 곡물, 의복, 또는 어떤 상품으로든 화폐의 비교가치를 평가함으로써 확인되는 것이 아니고, 다른 나라의 통화로 한 나라의 통화의 가치를 평가함으로써 확인된다.

그것은 화폐를 두 나라에 공통된 기준과 비교함으로써 확인될 수도 있다. 만약 잉글랜드에 대해 발행된 100파운드짜리 어음이, 함부르크에 대해 발행된 같은 금액의 어음으로 구입할 수 있는 것과 동일 양의 재화를 프랑스나 스페인에서 구입할 수 있다면, 함부르크와 잉글랜드 간의 환시세는 평가에 있다. 그러나 만약 잉글랜드에 대해 발행된 130파운드짜리 어음이 함부르크에 대해 발행된 100파운드짜리 어음보다 더 많은 것을 구입할 수 없다면, 환시세는 잉글랜드에 30퍼센트 불리하다.

잉글랜드의 100파운드는 네덜란드에서 101파운드짜리 어음, 또는 101파운드를 수취할 권리를 구입할 수 있고, 프랑스에서 102파운드짜리 어음, 그리고 스페인에서 105파운드짜리 어음을 구매할 수 있을 것이다. 그 경우에 잉글랜드와의 환시세는 네덜란드에 1퍼센트, 프랑스에 2퍼센트, 스페인에 5퍼센트 불리하다고 말할 수 있다. 그것이 의미하는 바는, 통화의 수준이 그 나라들에서 반드시 그래야 할 수준에 비해 더 높고, 그 나라들의 통화의 비교가치와 잉글랜드의 그것은, 그 나라들의 통화가 유출됨으로써, 또는 잉글랜드의 통화에 추가됨으로써 즉각 평가로 회복되리라는 것이다.

환시세가 이 나라에 불리하게 20퍼센트에서 30퍼센트 사이로 변동했던 지난 10년 동안 우리 통화가 평가 절하되었다고 주장하던 사람들은, 그들이 비난받아온 것과 달리, 다양한 상품들과 비교해 화폐가 한 나라에서 다른 나라에 비해 더 가치 있게 될 수 없다고 주장한 것이 결코 아니며, 오히려 그들은 130파운드가 함부르크나 네덜란드의 화폐로 평가해 100파운드의 지금地金보다 더 큰 가치가 없을 때, 그것이 평가 절하되지 않으면 130파운드가 잉글랜드에 보유될 수 없다고 주장한 것이었다.

내가 130파운드의 양질의 잉글랜드 파운드 스털링을 함부르크로 보내면, 5파운드의 비용을 물더라도 나는 거기서 125파운드를 갖게 된다. 그렇다면 내 파운드가 양질의 파운드 스털링이 아니었다는 것—그것들은 질이 떨어져서 내재 가치의 등급이 함부르크의 파운드 스털링보다 등급이 낮았으며, 5파운드의 비용을 물고 실제로 함부르크로 보내진다면 100파운드로밖에 팔릴 수 없을 것이다—말고는 무엇이 나로 하여금 함부르크에서 내게 100파운드를 줄 어음에 대해 130파운드를 제공하는 데 동의하게 할 수 있을까? 금속 파운드 스털링으로는 내 130파운드가 함부르크에서는 나에게 125파운드를 가져다줄 것임을 부인할 수 없지만, 지폐 파운드 스털링으로는 나는 함부르크에서 100파운드밖에 얻지 못한다. 그럼에도 130파운드의 지폐가 130파운드의 은이나 금과 동일한 가치가 있다고 주장되었다.

사실 일부 사람들은 지폐 130파운드가 금속 화폐 130파운드와 동일한 가치를 지니지 않는다고 좀 더 합리적으로 주장했다. 그러나 그들은 가치가 변한 것이 지폐가 아니라 금속 화폐라고 주장했다. 그들은 평가 절하라는 말의 의미를 가치의 실제적 하락에 한정하려고 했지, 화폐가치와, 법으로 그것을 규제하는 기준 사이의 비교적 차이에 한정하려고 하지 않았다. 잉글랜드 화폐 100파운드는 이전에 함부르크 화폐 100파운드와 동일한 가치를 지녔고, 그것을 구매할 수 있었다. 다른 어떤 나라에서도 잉글랜드 또는 함부르크에 대한 100파운드의 어음은 정확히 동일한 양의 상품을 구매할 수 있었다. 최근에 나는 동일한 것을 얻기 위해 130파운드의 잉글랜드 화폐를 제공하지 않을 수 없었는데, 과거에는 함부르크 사람들이 그것들을 100파운드의 함부르크 화폐로 획득할 수 있었다. 만약 잉글랜드 화폐가 이전과 동일한 가치였다면, 함부르크 화폐의 가치가 상승했음에 틀림없다. 그러나 이에 대한 증거가 어디 있는가? 잉글랜드 화폐가 하락했는지, 아니면 함부르크 화폐가 상승했는지를 어떻게 확인할 수 있는가? 이것을 결정할 수 있는 기준은 존재하지 않는다. 그것은 증명의 여지가 없는 변명이며, 적극적으로 확인되거나 적극적으로 부인될 수도 없다. 세계의 국가들은 일찍이 자국이 확실하게 기준으로 삼을 수 있는 본질적인 가치의 표준이 존재하지 않는다는 것을 확신해왔음에 틀림없으며, 따라서 전반적으로 자국에 다른 어떤 상품보다도 덜 가변적인 것으로 보이는 매개물을 선택했다.

우리는 법률이 바뀔 때까지, 그리고 다른 어떤 상품이 발견되어 그것을 사용함으로써 우리가 지금까지 확립해온 것보다 더 완전한 표준을 얻을 때까지 이 표준을 따르지 않으면 안 된다. 금이 이 나라에서 유일한 표준인 한, 1파운드 스털링이 표준 금 5페니웨이트 3그레인[56]과 동일한 가치를 지니지 않을 때는 화폐가 평가 절하될 것이며, 그것은 금의 일반적 가치가 상승하거나 하락하거나에 관계없이 그렇다.

제8장

조세에 대하여

조세는 한 나라의 토지와 노동의 생산물 중 정부의 처분에 맡겨지는 부분이며, 언제나 궁극적으로 그 나라의 자본 또는 소득에서 지불된다.

　우리는 이미, 한 나라의 자본이 내구적 성질이 얼마나 큰가 작은가에 따라 고정자본이 되거나 유동자본이 되는가를 살펴본 바 있다. 자본의 내구성에는 거의 무한한 단계들이 있기 때문에, 유동자본과 고정자본 간의 구별이 어디서 시작되는지를 엄밀하게 정의하기는 어렵다. 한 나라의 식량은 적어도 매년 한 번 소비되고 재생산된다. 노동자의 의복은 아마도 2년 이내에는 소비되고 재생산되지 않을 것이다. 반면에 그의 집과 가구는 10년 또는 20년의 기간 동안 지탱되는 것으로 계산된다.

　한 나라의 연간 생산물이 그 나라의 연간 소비를 대체하고도 남을 때 〔그것이〕 그 나라의 자본을 증가시킨다고 말하며, 한 나라의 연간 소비가 연간 생산을 통해 최소한으로라도 대체되지 않을 때 연간 생산이 그 나라의 자본을 감소시킨다고 말한다. 그러므로 자본은 생산의 증가, 또는 비생산적 소비의 감소를 통해 증가할 수 있다.

만약 추가 조세의 부과로 정부의 소비가 늘어날 때, 그것이 민간 쪽의 생산의 증가나 소비의 감소로 충족된다면 조세는 소득에 귀착될 것이며, 국민의 자본은 손상되지 않을 것이다. 그러나 만약 민간 쪽의 생산의 증가나 비생산적 소비의 감소가 없다면, 조세는 필연적으로 자본에 귀착될 것이다. 즉 그것은 생산적 소비에 할당된 기금을 손상시킬 것이다.[57]

한 나라의 자본이 감소되는 데 비례해서 생산도 반드시 감소될 것이다. 그러므로 만약 민간과 정부 쪽의 동일한 비생산적 지출이 연간 재생산의 끊임없는 감소를 동반하면서 계속된다면 민간과 국가의 자원은 가속적으로 사라질 것이며, 곤궁과 파멸이 뒤따를 것이다.

지난 20년간 잉글랜드 정부의 엄청난 지출에도 불구하고 민간 쪽의 생산의 증대가 그것을 보상했다는 데 대해서는 의심의 여지가 없다. 국민의 자본은 단순히 손상되지 않은 것이 아니라 크게 증가했으며, 오늘날 민간의 연간 소득은 조세를 지불한 뒤에도 아마 우리 역사의 어떤 시대보다 더 클 것이다.

이것에 대한 증거로서 우리는 인구 증가-농업 확장-해운과 제조의 증가-조선소 건설-수많은 운하의 개설 및 그 밖의 많은 대형 사업을 언급할 수 있는데, 이 모두는 자본과 연간 생산의 증가를 나타내는 것이다.

그러나 여전히, 조세가 없었더라면 자본의 증가는 훨씬 더 컸을 것임이 틀림없다. 축적할 능력을 저하시키는 경향이 없는 조세는 없다. 모든 조세는 자본과 소득 중 어느 하나에 반드시 귀착된다. 만약 조세가 자본을 침식한다면 조세는 반드시 그에 비례해 기금을 감소시킴에 틀림없는데, 그 정도만큼 그 나라의 생산적 산업의 범위가 언제나 규제된다. 그리고 조세가 소득에 귀착된다면, 그것은 반드시 축적을 저하시키거나, 납세자가 그에 상응해 예전의 생활필수품과 사치품의 비생산적 소비를 줄여 조세액을 저축하도록 강요할 것이다. 일부 조세는 다른 것에 비해 이런 효과를 훨씬 더 크게 불러온다. 그러나 과세의 커다란 해악은 그 대상의 선택에서가 아니라 전체적으로 파악되는 그 효과의 전반적 액수에서 찾아야 한다.

조세는 그것이 자본에 부과된다고 해서 반드시 자본에 대한 조세는 아니며, 소득에 부과된다고 해서 소득에 대한 조세도 아니다. 만약 내가 연간 1,000파운드의 소득에서 100파운드를 지불하라는 요구를 받을 때 내가 남은 900파운드의 지출에 만족한다면, 그것은 실로 소득에 대한 조세일 것이다.

소득 1,000파운드를 가져다준 자본은 10,000파운드의 가치를 지닐 수 있다. 그러한 자본에 대한 1퍼센트의 조세는 100파운드일 것이다. 그러나 만약 내가 이 조세를 지불한 뒤 위와 마찬가지로 900파운드의 지출에 스스로 만족한다면, 내 자본은 영향을 받지 않을 것이다.

모든 사람은 생활에서 자신의 지위를 지키고 자신의 부를 그것이 일단 도달했던 수준에서 유지하려는 욕망이 있는데, 이것이 대부분의 조세가, 그것이 자본에 부과되든 소득에 부과되든, 소득에서 지불되도록 만든다. 그러므로 과세가 진전됨에 따라, 즉 정부가 지출을 늘림에 따라, 민간의 연간 편의품들은, 민간이 비례적으로 자본과 소득을 늘릴 수 없는 한은 감소할 수밖에 없다. 자본과 소득을 늘리고자 하는 민간의 성향을 고취하고, 자본에 귀착될 수밖에 없는 조세는 부과하지 않는 것이 정부의 정책이 되어야 한다. 왜냐하면 그렇게 함으로써 그러한 조세는 노동의 유지를 위한 기금을 손상시키고, 또 그럼으로써 나라의 미래 생산을 감소시키기 때문이다.

잉글랜드에서는 유언의 검인에 대한 과세, 유산세 및 사망자로부터 생존자에게로의 재산 이전에 영향을 주는 모든 조세에서 이 정책이 무시되어왔다. 만약 1,000파운드의 유산이 100파운드의 세금을 물도록 되어 있다면, 유산 수령자는 자신의 유산이 900파운드뿐이라고 생각하며 자신의 지출에서 100파운드의 세금을 절약할 특별한 동기를 느끼지 않을 것이고, 따라서 그 나라의 자본은 감소한다. 그러나 만약 그가 실제로 1,000파운드를 수취하고 소득, 포도주, 말, 하인들에 대한 조세로서 100파운드를 지불해야 한다면, 그는 아마도 그 액수만큼 자신의 지출을 줄였을 것이며, 아니, 오히려 늘리지 않았을 것이며, 그 나라의 자본은 손상되지 않았을 것이다.

애덤 스미스는 말한다. "사망자로부터 생존자에게로의 재산 이전에 부과되는 세금은 직접적으로 그리고 최종적으로 이 재산을 이전받는 사람이 부담한다. 토지 매매에 부과되는 조세는 모두 판매자에게 귀착된다. 토지의 판매자는 거의 항상 판매해야 할 필요에 쫓기고 있기 때문에, 자신이 얻을 수 있는 가격에 만족할 수밖에 없다. 구매자는 구매할 필요에 쫓기는 경우가 거의 없기 때문에 자기가 원하는 가격만 지불하려고 한다. 구매자는 그 토지를 구입하는 데 드는 세금과 가격이 얼마인지 생각해본다. 세금으로 지불해야 하는 부분이 많으면 많을수록 그가 지불하고자 하는 구입 가격은 작아질 것이다. 그러므로 이러한 조세는 거의 항상 궁핍을 느끼는 사람들에게 귀착된다는 점에서 매우 가혹하고 잔인한 세금이라 할 것이다." "인지세와 차용 증서 및 차용 계약서의 등기세는 모두 차입자가 부담하며 실제로 항상 차입자가 지불하고 있다. 소송 절차에 부과되는 동일한 종류의 세금은 원고가 부담한다. 이 세금은 원고와 피고 모두에게 소송 대상물의 자본 가치를 감소시키게 된다. 어떤 재산이든 그것을 획득하는 데 드는 비용이 많을수록 획득했을 때의 순 가치는 줄어든다. 각종 재산 이전에 부과되는 일체의 조세는, 그 재산의 자본 가치를 감소시키는 한, 생산적 노동의 유지에 충당되는 재원을 감소시키는 경향이 있다. 그 조세는 생산적 노동만을 부양하는 국민 자본을 희생해 비생산적 노동자 이외에는 아무도 부양하지 않는 국가 수입을 증대시킨다는 의미에서 다소 비경제적인 조세다."[58]

그러나 이것이 재산의 이전에 부과되는 조세에 대한 유일한 반론은 아니다. 이 조세는 국민 자본이 공동체에 가장 유익한 방식으로 분배되는 것을 막는다. 일반적 번영을 위해서는 모든 종류의 재산의 양도와 교환에 제공되는 편의가 아무리 많아도 지나치지 않은데, 그것은 그런 수단에 의해서라야만 모든 종류의 자본이 그것을 가장 잘 투입해 그 나라의 생산을 증대시킬 사람들의 손에 제대로 들어갈 수 있을 것이기 때문이다. 세 씨는 묻는다. "왜 한 개인이 자신의 토지를 팔려고 하는가? 그것은 그가 자신의 기금을 더 생산적으로 사용할 다른 사용처를 고려 중이기 때문이다. 왜 다른 개인은 똑같은 이 토지를 매입하려고 하는가? 그것은 자신에게 너무 적은 것을 가져다주거나, 사용되지 않았거나, 아니면 그것을 사용하는 데 개량의 여지가 있다고 생각하는 그런 자본을 〔이제〕 사용하기 위해서이다. 이 교환은 이들 당사자들의 소득을 증가시키기 때문에 전체의 소득을 증가시킬 것이다. 그러나 만약 부담금이 너무 터무니없어서 교환을 막는다면, 그것은 전체 소득의 이러한 증가에 대한 장애가 된다."[59] 그러나 이런 조세는 쉽게 징수되고, 많은 사람들에게 이것이 그 해로운 효과들을 얼마만큼 보상해준다고 생각될지도 모른다.

분배의 원리가 중심이 되는 정치경제학을 위하여

1. 리카도의 생애

영국 경제학자인 데이비드 리카도는 이베리아 반도계 유대인으로서 1760년에 네덜란드에서 영국으로 이주한 가정의 셋째로 런던에서 태어났다. 열한 살 때 네덜란드로 보내진 그는 암스테르담에 있는 포르투갈계 유대교 교회 부설 특수학교인 교구부속학교Talmud Torah에 다녔다. 그리고 거기서 3년을 보낸 뒤 열네 살 때 다시 런던으로 와 부친의 사업인 증권 매매 및 중개업에 종사했다. 이때 그는 세밀한 계산과 신속한 판단을 요하는 작업에서 맹훈련을 받았다.

결혼이 그의 생애에서 전환점이 되었다. 1793년 그는 퀘이커교도인 프리실라 앤 윌킨슨과 사랑에 빠졌다. 유대인이 아닌 여자를 사랑하게 됨으로써 리카도는 사랑하는 여인과 가족 전통 중 하나를 선택해야 하는 딜레마에 처하게 되었다. 그는 빠르게 결정을 내려 사랑을 선택했다. 가족들은 리카도를 유산 상속자 명단에서 제외했다. 리카도는 결혼 이후 800파운드의 작은 자본으로 독립적인 사업을 시작했다. 그는 부친의 사업에 관여했던 경험 및 본인 고유의 사업가적 통찰력으로 금세 재산을 모을 수 있었다.

리카도는 주식 중개업에 종사하면서 여가 시간에 수학, 지질학, 광물학을 체계적으로 연구했다. 경제학에 대한 그의 관심은 1799년에 시작되었다. 당시 그는 영국의 온천 도시 바스에 휴양차 갔다가 우연히 들른 헌책방에서 애덤 스미스의 《국부론》을 발견했다. 그는 "흥분과 흥미를 느끼며"[60] 그 책을 읽었다. 애덤 스미스를 알게 된 이후 리카도는 당시 식자들 사이에서 회자되던 맬서스의 《인구론An Essay on the Principle of Population as it affects the Future Improvement of Society, with Remarks on the Speculations of Mr. Godwin, M. Condorcet, and other Writers》(1798)도 똑같이 흥미롭게 읽었다. 그러고 나서는 1800년 전후부터 《에든버러 리뷰Edinburgh Review》에 실린 경제학 문헌들을 찾아가며 읽기 시작했다.

리카도가 경제학계에 본격적으로 모습을 드러낸 것은 런던에서 대부 중개업을 개업한 1809년경이었다. 그는 그해 잉글랜드 은행권의 감가減價에 관한 글을 《모닝 크로니클Morning Chronicle》에 실으면서부터 경제 문제에 대한 평론가로서 명성을 얻기 시작했다. 그는 이 글에 대한 비판에 대응하기 위해 자신의 글을 증보한 《지금의 고가격 — 은행권의 감가의 증거The High Price of Bullion, a Proof of the Depreciation of Bank Notes》라는 팸플릿을 1810년 봄에 출간했다. 이 팸플릿으로 리카도는 당대의 전문가들에게 연역적 추론을 즐기는 날카로운 이론가라는 인상을 심어주었다.

1814년 리카도는 무역 정책으로 관심을 옮겼고 1년 뒤에 《곡물의 저가격이 자재의 이윤에 미치는 영향에 대한 논고》라는 팸플릿을 출간했다. 이 팸플릿으로 리카도는 당대 최고의 경제학자로 당당히 인정받게 되었고, 그 여세를 몰아 좀 더 포괄적이고 체계적인 저술로 완성한 것이 바로 1817년의 《정치경제학과 과세의 원리에 대하여》(이하《원리》)였다.

1817년, 1819년, 1822년에 리카도는 또 다른 팸플릿을 출간했다. 1821년에는《원리》제3판을 출간했는데, 여기서는 '기계에 대하여'라는 장이 추가되었다. 이 장에서 그는 기술 진보가 노동 계급에는 해로운 것이라고 주장했는데, 이것은 경제학에서 오랫동안 논쟁거리가 되었다.

1819년에 리카도는 하원 의원 자리를 획득했으며,[61] 이후 몇 년간 주요 이슈에 대한 의회의 토론에 적극적으로 참여했다. 1822년에는 유럽 대륙을 여행했고 여행기를 상세히 기록했다. 1823년, 그는 자신의 저택인 갯콤 파크에서 급성뇌질환으로 사망했다. 유족으로는 아내와 7명의 자녀가 있었다. 사망 당시의 그의 재산은 부동산과 영국 및 프랑스의 국채를 포함해서 약75만 파운드였다.

2. 리카도의 경제사상

리카도는 일반적으로 경제학의 방법론을 창시한 학자로 인정받고 있으며, 지대地代 이론과 비교 생산비 이론은 그를 대중적으로 유명하게 만든 이론이다. 애덤 스미스가 경제 이론과 함께 역사, 시사 문제, 법률, 철학까지 다룬 데 비해, 리카도는 실무가로서, 그런 것들을 주어진 환경으로 간주했다. 그는 절친한 친구이자 논적이던 맬서스에게 이렇게 말한 적이 있다. "나의 목표는 원리를 밝히는 것이고, 이를 위해 나는 강한 사례를 상정해 이 원리들의 작동을 증명하려 한다" (1820년 5월 4일 맬서스에게 보낸 편지). 강한 사례를 상정하는 것은 현대의 경제 이론가들이 전형적으로 하고 있는 일이다. 이 '원리'들 중 리카도가 가장 중요하게 생각한 것은 분배의 원리였다. 리카도는 "분배를 규제하는 법칙을 결정하는 것이 정치경제학의 주요 문제"[62]라고 생각했다.

(1) 지금 논쟁과 경제 모델

앞에서 봤듯이 리카도는 지금地金 논쟁에 관한 신문 논평 기사로 경제학계에 처음으로 자신의 이름을 알렸다. 이 기사는 나중에 《지금의 고가격―은행권의 감가의 증거》라는 팸플릿으로 확장되어 출판되었다. 이 팸플릿에서 리카도는, 만약 잉글랜드 은행권이 금으로 표시한 액면 가치에 상당하는 가치를 지닌다면 환시세에 미세한 프리미엄밖에는 있을 수 없다고 주장했다. 당시 환시세는 영국에 매우 불리하게 형성되어 있었기 때문에, 그는 은행권이 평가 절하되었다고 본 것이다. 잉글랜드 은행권의 가치가 감가되었음을 증명하기 위해 그는 가격-정화正貨 메커니즘[63]을 규제하는 법칙[64]의 작용을 추적했다. 그는 광범위한 일반화로 시작해 그 당시의 구체적 사실로 그것을 증명하려 했다.

이 팸플릿은 동시대의 관련자들에게 많은 영향을 끼쳤다. 가령 하원 의원 프랜시스 호너Francis Horner는 리카도의 추론을 매우 신뢰했다. 그가 참여한 지금위원회의 보고서는, 명시적으로 언급하지는 않지만, 리카도의 팸플릿에 크게 영향을 받았다. 보고서는 리카도의 관점을 채택해, 지금의 시장 가격이 주조 가격 이상으로 상승한 원인이 은행권의 감가라는 결론을 내렸다. 이 위원회 보고서의 명성 때문에 이 논쟁에서 리카도파[65]는 큰 힘을 얻게 되었다. 그러나 지금 논쟁에서 리카도의 반대편에 선 찰스 보즌켓Charles Bosanquet은 리카도가 단순한 이론가에 불과하며, 그의 주장은 그 시대의 사실과 일치하지 않는다고 비판했다.[66]

이에 대해 리카도는 1811년에 결정적인 반론을 내놓았다.[67] 여기서 그는 자신이 직접 체득한 외환에 관한 지식을 선보였다. 더불어 그는 사실만을 알고 이론이 없는 사람은 그 사실을 걸러낼 수 없기 때문에 타당한 결론을 이끌어낼 수 없다고 비판했다. "그들은 준거 기준이 없기 때문에 사실을 곧이곧대로만 받아들인다."[68] 이러한 리카도의 생각은 경제 모델에 대한 오늘날의 생각과 다르지 않다. 현실을 그대로 바라보아서는 현실을 제대로 이해할 수 없고, 현실을 추상화해 개별적 사실들을 통괄하는 질서를 파악할 수 있는 단순성의 수준에 도달할 수 있게 가공하는 과정이 필요하다. 그래서 현실을 몇 가지 기본 원칙과 가정으로 설명하고자 하는 것이 '이론' 또는 '경제 모델'이다. 리카도는 보즌켓 등에게는 바로 이 모델이 없기 때문에 이들이 현실을 제대로 이해하지 못한다고 비판한 것이다.

(2) 곡물법 논쟁과 이윤 이론

리카도가 지금 논쟁에 활발히 참여하는 동안, 영국의 다른 일각에서는 그 유명한 곡물법 투쟁이 지주 계급과 자본가들 사이에서 벌어지고 있었다. 1815년, 프랑스의 나폴레옹 황제가 워털루 전투에서 패배해 세인트헬레나 섬에 유배되면서 유럽 전역을 휩쓸던 전쟁이 마침내 끝났다. 오랜 전쟁이 끝나자 영국 의회는 곡물 수입을 규제하고 있던 곡물법 개정 작업에 착수했다. 문제는 수입 곡물에 대한 관세를 계속 부과하느냐 하는 것이었다.

프랑스 혁명과 나폴레옹 전쟁 이전에도 영국은 밀의 순수입국이었다. 작황이 좋을 때는 밀을 수출하고, 나쁠 때는 수입했는데, 전체적으로 수입이 더 많았다. 그런데 전쟁이 발발하자 군수용으로 밀 수요가 크게 증가했다. 이에 따라 밀 가격이 급격히 상승했는데, 흉작기에 더 심했다. 밀 가격이 높아지자 밀 재배의 수익성이 더 좋아졌고, 이것은 산출량 확대는 물론이고 경작 면적의 확대를 촉발했다. 당시 영국 토지 가운데 중요한 용도로 쓰이던 목초지가 밀 재배를 위한 경작지로 전환되었다. 당연하게도, 지주들은 이 높은 밀 가격에 힘입어 지대를 사상 최고로 인상할 수 있었고, 이는 경작지의 확대와 함께 이들에게 엄청난 부를 안겨주었다. 실제로 밀 가격은 1790년에 쿼터당 45실링이던 것이 1810년에는 90실링으로 상승했다. 이런 높은 가격 때문에 엄청난 면적의 목초지가 경작지로 전환되었다.

이러한 곡물 가격 상승에 따라 노동자들의 임금도 상승하지 않을 수 없었다. 1793년 이전에 주당 8실링 6펜스였던 노동자들의 평균 임금은 1810년에 약 14실링으로 상승했다. 그러다가 1815년에 13실링, 1816년에 12실링으로 다시 하락했지만 이전에 비해서는 훨씬 높은 것이었다.[69] 신흥 산업 자본가 계급은 이 높은 임금 때문에 생산비가 상승하고 이윤이 줄어든다는 것을 알게 되었다. 그리하여 이들은 값싼 해외 식량을 수입해 곡물 가격을 낮추고, 임금률도 낮출 것을 요구했다. 반면에 지주 계급은 곡물에 대한 수입관세를 유지하려고 했다. 대륙과의 자유무역을 재개해 곡물 가격이 떨어지면 지주들의 소득분배분이 작아질 것이기 때문이었다.

1814년, 하원과 상원 모두 곡물법 문제를 논의할 위원회를 각각 구성했다. 이 문제는 당시의 경제학자들에게 큰 관심을 불러일으켰다. 그 결과 1815년 초에 지대와 곡물 무역에 관한 네 개의 팸플릿이 동시에 출간되었다.

① 맬서스,《지대의 성질과 추이에 대한 탐구》, 1815년 1월.

② 웨스트Edward West,《토지에의 자본 투입에 대한 논고》, 1815년 1월.

③ 리카도,《곡물의 저가격이 자재의 이윤에 미치는 영향에 대한 논고》, 1815년 2월.

④ 토런스Robert Torrens,《해외 곡물 무역에 대한 논고Essay on the External Corn Trade》, 1815년 3월.

이 네 팸플릿은 토지에 투하되는 자본과 노동의 추가분에 대한 수확 체감遞減의 법칙을 완성할 아이디어들을 담고 있었다. 그러나 고전파 경제학의 토대라 할 수 있는 이 명제의 의미를 깊이 탐구하고 그것을 체계화한 것은 리카도뿐이었다. 리카도의 팸플릿《곡물의 저가격이 자재의 이윤에 미치는 영향에 대한 논고》(이하《이윤론》)는 약 1주일 만에 작성되었지만, 지대 이론뿐만 아니라 리카도의 분배 이론 전체를 담고 있다고 해도 과언이 아니다.《이윤론》은 실로 경제학사상 기념비적인 업적에 해당한다. 이것은 구조 면에서 아주 간결하며, 추론의 흐름을 잘 유지하고 있다. 그리고 그의 이전 저술과 달리 엉뚱한 곳으로 흐르는 경우도 거의 없다.

《이윤론》의 핵심 주장은 수입 곡물에 대한 관세가 이윤을 내리고 지대를 올린다는 것이었다. 리카도는 당대의 현실에서 이윤율 수준이 아주 중요한 문제라고 말했다. 그는 이윤으로 수취된 소득에서 저축이 나오며, 이윤율이 낮으면 축적 동기가 저해될 수 있다고 주장했다.

《이윤론》의 주요한 이론적 논점은 두 단계의 분석으로 전개된다. 첫째 단계의 분석은 곡물 가격과 임금이 고정되어 있다는 가정하에서 진행된다. 임금 고정의 가정은 맬서스의 인구법칙에 의해 성립한다. 맬서스의 논리에 따르면 임금이 생존비 수준 이상으로 상승하면 즉각 인구가 늘어나서 임금이 다시 생존비 수준으로 하락하며, 반대로 임금이 생존비 수준 이하로 하락하면 인구가 감소해 임금이 다시 생존비 수준으로 상승한다. 따라서 자본이 축적되어 노동력 수요가 증가하면 임금의 상승 없이 인구가 즉각 증가해 노동력 공급이 추가로 이루어진다. 모든 노동자는 동일한 양의 고정자본(농기구 등)을 갖추고 있다고 가정된다. 이 자본은 일정한 비율로 모든 노동자와 결합된다. 이것을 자본-노동 묶음이라고 말할 수 있는데, 이것은 곡물의 양으로 환산되어 곡물의 배수로 표시된다. 다시 말하면 곡물은 농업 부문의 유일한 산출물인 동시에 유일한 투입물이라고 가정된다.

노동력이 증가하면 늘어난 인구를 부양하기 위해 곡물이 추가로 필요한데, 이 추가분은 덜 비옥한 토지로 경작을 확대하거나, 기존의 경작 토지에 자본-노동 묶음을 추가 투입함으로써만 생산될 수 있다. 이때 수확 체감 현상이 필연적으로 나타난다. 비옥도가 가장 낮은 토지에서의 노동자 1인당 순곡물 생산량과 1인당 곡물 임금 간의 차이가 영농자의 이윤으로 분배된다. 영농자들은 더 좋은 토지를 얻기 위해 서로 경쟁할 것이기 때문에, 높은 등급의 우월한 토지를 경작해서 얻는 실질 이익은 지대 상승의 형태로 지주에게 귀속된다. 더 많은 토지가 경작될수록 수확 체감 현상 때문에 노동자 1인당 순생산물은 감소한다. 그럼에도 불구하고 실질 임금은 변하지 않는다. 그러므로 노동자 1인당 이윤은 필연적으로 감소한다. 이와 동시에 노동자 1인당 자본의 곡물 가치는 상승한다. 왜냐하면 생산 과정에서 소모되는 자원(노동력도 포함)의 양으로 측정한 곡물 생산 비용이 지속적으로 상승하기 때문이다. 이윤율은 노동자 1인당 이윤을 자본으로 나눈 것인데, 전자는 감소하고 후자는 증가하므로 이윤율은 하락한다. 결국 투자를 위한 인센티브가 점점 작아지고, 결국에는 자본 축적이 멈추게 된다.

둘째 단계의 분석은 사실상 위의 논리를 보완하는 차원에서 이루어진다. 여기서는 곡물 가격이 고정되어 있다는 가정이 완화되었을 때, 자본 축적 및 수확 체감 현상이 이윤에 미치는 영향을 임금의 움직임에 대한 분석을 통해 고찰한다. 리카도에 따르면, 농업과 제조업에서 어떤 개량이 이루어지는가에 상관없이 부의 진보는 오직 농산물과 노동의 가격에만 영향을 주며, 임금의 일반적 상승으로 전 산업의 이윤을 하락시킨다. 그러므로 가격과 임금이 고정되어 있다는 가정하에서 도출된 이윤 하락의 경향은, 실제로 자본 축적과 함께 나타나는 가격 및 임금의 변화가 고려될 때 더욱 강화된다.

리카도는 이런 논지에서, 이윤율 하락으로 인한 축적의 정지를 막기 위해 곡물 수입이 자유화되어야 한다고 주장했다. 즉 이윤율 하락이라는 문제의 근원은 토지 단위당 밀 수확량의 감소이기 때문에, 그에 대한 단기적 해법은 일차적으로 자국의 값싼 제조품을 수출하고 비옥한 토지가 많은 나라에서 값싼 밀을 수입하는 것이었다. 물론 장기적으로는 다른 해법을 강구할 수도 있었다. 가령, 밀에 대한 의존을 줄이도록 노동자들의 식품 구성을 바꾸는 것, 인구 증가율을 낮추는 것, 토지를 절약하는 품종의 개발 등 기술 진보를 촉진하는 것 등이 그것이다. 리카도는 이런 장기적인 해법들을 완전히 무시하지는 않았지만, 그것들을 형식적으로만 다루었다. 사실 리카도는 자본 축적과 인구 증가에 대해 무수히 언급하지만, 장기적 경제성장의 문제에는 크게 관심을 두지 않았다. 그는 당면한 현실에 대한 당장의 정책 제안에 특히 관심이 있었기 때문에 외국무역을 통한 해법을 강조한 것이다.

(3) 《곡물의 저가격이 자재의 이윤에 미치는 영향에 대한 논고》
에서 《정치경제학과 과세의 원리에 대하여》로

《이윤론》을 통한 리카도의 날카로운 현실 분석과 대안 제
시에도 불구하고, 곡물법 논쟁은 1815년 의회에서 지주 계
급의 승리로 끝이 났다. 영국 의회는 밀의 가격이 80실링을
초과하면 자유로운 밀의 수입을 허용하되, 80실링 이하일 경
우에는 수입을 금지한다는 법률을 통과시켰다.

그러나 《이윤론》 그 자체는 성공적이었다. 《이윤론》은 리
카도가 애덤 스미스의 비판자에서 독자적인 경제사상 체계
를 갖춘 경제학자로 등극하는 계기가 되었다. 리카도는 《이
윤론》 이전까지 통화의 감가 문제 같은 단순하고 단편적인
문제에 대해 고찰했으나 《이윤론》부터는 여러 가지 경제
변수의 상호작용에 대해 고찰하는 데로 나아간 것이다. 그
는 맬서스에게 이렇게 말한 바 있다. "정치경제학에는 결합
들—작동 중인 원인들—이 아주 많아서, 우리가 모든 변화
의 원인을 찾고 그 효과를 적절하게 평가하지 않으면, 특정
한 이론에 편향된 경험에 의존할 커다란 위험이 존재한다"
(1815년 10월 7일 맬서스에게 보낸 편지).

리카도의 적극적인 후원자 제임스 밀 같은 이는 그즈음에,
"당신은 이미 정치경제학계에서 최고의 사상가"(1815년 12월
22일 밀이 리카도에게 보낸 편지)라고 리카도를 극찬했다. 이러
한 《이윤론》의 성공에 힘입은 리카도는, 그 발간 직후 밀의

권유를 받아 증보판을 내려는 계획을 세웠지만, 자신의 능력에 대한 자신감의 결여로 매우 망설이고 있었다. 그러나 밀은 아예 리카도에게 체계를 갖춘 '정치경제학' 저술을 재촉하며 계속 격려했다. 결국 리카도는 자신이 애덤 스미스, 맬서스 등의 대가들과 견해를 달리하는 주제, 즉 지대, 이윤 및 임금의 원리라는 주제에 자신의 모든 재능을 쏟기로 결심했음을 지인들에게 알리게 된다.

리카도가《이윤론》에서 전개한 자신의 사상 체계를 한 권의 책으로 만드는 작업을 시작했을 때, 먼저 극복해야 했던 것은 강력한 논적인 맬서스의 비판이었다. 맬서스는《이윤론》에 제시된 리카도의 이론을 다음 두 가지 논점으로 비판했다. 첫째는 농업 이윤율이 일반 이윤율을 결정한다는 리카도의 논리에 관한 것이다. 맬서스는 그러한 리카도의 논리가 임금이 곡물로만 구성된다는 가정하에 성립된 것임을 간파하고, 임금은 곡물로만 구성되는 것은 아니기 때문에 농업 이윤율이 다른 산업의 이윤율을 규제하는 것과 마찬가지로 다른 산업의 이윤율도 농업 이윤율을 규제한다고 주장했다. 둘째, 맬서스는 이윤은 상품의 가격에 좌우되는데, 리카도의 이론은 상품의 가격이 동일한 수준에 머물러 있음을 전제로 하여 성립하는 것이므로, 화폐 임금 상승의 결과 가격이 상승한다면 리카도의 이론은 성립할 수 없다고 주장했다.

맬서스의 이러한 비판에 리카도가 노동자의 필수품에 곡

물 외의 다른 제조품이 포함됨을 인정하자, 투입물과 산출물에 공통적으로 적용되어 이윤율을 계산할 수 있게 하는 공통의 척도가 필요해졌다. 이제 '곡물로 표시한 노동생산성의 하락 때문에 이윤은 하락한다'라는 《이윤론》의 명제는 다음과 같이 바뀌게 된다. '다른 생산물에 비한 곡물 가치의 상승, 그에 따른 임금 가치의 상승 때문에 이윤은 하락한다.'

한편, 《이윤론》 당시까지 리카도는, 곡물 가격의 상승은 임금을 상승시킴으로써 다른 모든 물가를 상승시킨다는 애덤 스미스류의 일반적 견해에 동의했다. 리카도는 이 견해가 자신의 이윤 이론과 상충된다고 생각하지 않았다. 그러나 위에 말한 일반적인 형태의 이론으로 나아갈수록 둘 사이의 상충 관계가 뚜렷해지기 시작했다. 그것은 맬서스가 지적한 대로 곡물 가격 상승에 따라 일반 물가가 상승한다면 임금 상승과 이윤 하락이라는 단순한 관계가 명백히 드러나지 않기 때문이다. 따라서 리카도가 자신의 명제를 명확히 증명하기 위해서는 곡물 가격이 상승해도 다른 물가가 상승하지 않음을 보일 수 있어야 했다.

이 두 가지 문제를 해결하기 위해 리카도가 채택한 논리가 노동 가치론이었다. 사실 《이윤론》에서 이미 리카도는 위에 말한 일반적 견해를 거부하면서 다음과 같이 말한 바 있다. "모든 상품의 교환가치는 상품 생산의 곤란이 증가함에 따라 상승한다."[70] 이것은 위에 말한 둘째 단계의 분석에 해당하는 것으로서 《원리》에서 전개된 리카도의 성숙한 가치론을 예고한 것이다. 《원리》의 저술 과정에서 리카도는 1815년 말에 본격적으로 '가치' 문제를 파고들게 된다. 이때 리카도는 이 문제를 올바르게 이해하기 위해서는 다음과 같은 것이 이루어져야 한다고 생각했다. ① 화폐의 가치에 영향을 주는 요인과 상품의 가치에 영향을 주는 요인의 구별, ② 가치척도로서 귀금속의 가치 불변성의 상정, ③ 곡물 가격이 다른 모든 상품의 가격을 규제한다는 견해에 대한 반대. 이 세 가지 문제는 서로 밀접히 관련되어 있는 것으로서 《원리》에서 화폐를 다른 것들처럼 상품으로 취급함으로써 해결할 수 있었다. "만약 가치가 변하지 않는 다른 어떤 상품이 존재한다면 우리는 물고기와 사냥물의 가치를 이 상품과 비교함으로써 [가치] 변동이 물고기의 가치에 어느 정도 영향을 준 요인에 기인한 것이고 얼마만큼이 사냥물의 가치에 영향을 준 요인에 기인한 것인지를 식별할 수 있을 것이다."[71] 이렇게 되면 임금 상승은 금광의 소유자에게도 다른 산업에 대해서와 마찬가지로 영향을 주므로 임금의 변화가 상품의 가격을 변화시킬 수 없게 된다. 따라서 물가를 결정하는 것은 노동에 대한 보수가 아니라, 금 및 다른 상품들의 상대적 생산 조건이다.

　어떤 물건의 가치가 그 생산에 필요한 노동에 대한 보수가 아니라 노동량에 의해 규정된다는 원리는 리카도에게 매우 중요한 것이었다. 이로써 그는 임금이 물가에 미치는 영향에 관한 일반적 견해를 거부할 수 있었고, 나아가 스미스의 가치 이론인 생산비 이론을 거부할 수 있었다. 당시 스미스의 경제사상은 동시대의 다른 학자들과 마찬가지로 리카도에게도 절대적 권위가 있었다. 그러므로 리카도가 자신의 이론을 정립하기 위해서 먼저 넘어야 할 벽은 스미스였고 이 원리로써 그는 그렇게 할 수 있었다.

3. 《정치경제학과 과세의 원리에 대하여》의 가치론, 분배 이론, 비교 우위 이론

(1) 가치론

애덤 스미스에 의하면, '초기의 원시사회' 단계에서는 상품이 각각에 체화된 노동 시간에 따라 교환된다. 이후의 문명화된 사회에서는 상품이 임금, 토지의 지대, 이윤으로 이루어진 생산비에 따라 교환된다. 그런데 가격은 총 생산비에 따라 결정되더라도 가치는 한 상품이 지배(교환)할 수 있는 노동 시간에 의해 측정된다. 즉 "모든 물건의 진정한 가치는 그 물건 때문에 자기가 면제받아 타인에게 부과할 수 있는 노동이다."[72]

리카도는 노동이 유일한 투입물로 투입되는 초기 원시사

회에 대한 스미스의 이론에서 출발해, 상품이 투입된 노동 시간에 따라 교환될 것이라는 데 동의한다. 그러나 리카도는 스미스가 문명화된 사회의 경우에 대해서 가치척도로서 지배 노동량을 사용하는 것은 일관성을 잃은 것이라고 생각했다. 그는 그 비판의 근거로서, 임금이 곡물로 측정했을 때 상승하고, 화폐 임금으로 지배할 수 있는 곡물 이외의 재화의 총량으로 측정했을 때 하락하는 예를 제시했다. 리카도는 투하 노동량에 따라 상품의 상대 가치가 결정되는 원리는 초기 원시사회뿐만 아니라 당시의 자본주의 체제에서도 통용된다고 생각했다. 그리하여 "노동이 모든 가치의 기초"이며, "상대적 노동량이 상품의 상대 가치를 거의 전적으로 결정한다".[73]

리카도는 두 상품의 상대 가치가 변동했을 때, 변동이 어디에서 일어났는지를 알려면, 각각의 상품 생산에 투입되는 노동의 양을 검토해보면 된다고 생각했다. 리카도는 이 원리가 일반적인 상품뿐만 아니라 화폐로 사용되는 금에도 적용되며, 곡물과 노동에도 마찬가지로 적용된다고 주장했다. 이것은 애덤 스미스가 가치의 척도로 사용한 금에 대해서는 노동 가치론을 적용하면서, 금과 함께 가치의 척도로 고려한 곡물과 노동에 대해서는 그러지 않은 것과는 다른 점이다.

리카도는 상품 생산에 자본이 필요한 경우, 그것을 생산하는 데 직접 투하된 노동뿐만 아니라 그 도구, 즉 자본을 구비하는 데 필요한 노동도 그 상품의 가치 결정에 참여한다고 말한다. 이 경우에 이 상품의 가치는 자본을 제공한 사람에게 이윤으로, 노동을 제공한 사람에게 임금으로 각각 분배될 것이다. 리카도는 이러한 분배가 상품의 상대 가치에는 영향을 주지 않는다고 강조한다. 상품의 상대 가치는 상품의 생산에 투하된 직접적·간접적 노동의 양에 따라 결정되기 때문이다.

여기서 리카도는 '불변의 척도'의 필요성을 제기한다. 예를 들어 생산 조건이 상이한 연어와 사슴의 생산에서 각각의 생산 조건이 변해 상대 가치가 변동하는 상황이 발생했을 때, 상대 가치의 변동이 어떤 요인 때문에 일어났는지를 알려면, 그 상품의 가치를 비교해줄 표준척도가 필요하다는 것이다. 리카도에 따르면, 자체의 가치가 불변인 상품이 있다면, 노동 투입량이 변동한 상품의 가치를 이 상품과 비교함으로써 정확히 어떤 원인 때문에 상대 가치가 변동했는지를 알 수 있을 것이다. 만약 금으로 만든 화폐가 그 상품이라고 가정하면, 화폐가치로 표현된 연어와 사슴의 가격을 보면 우리는 곧바로 그 변동의 원인을 찾아낼 수 있을 것이다. 불변의 척도의 유용성은 노동 임금이 변화할 때도 발휘된다. 애덤 스미스의 이론 체계에서는 임금이 상승하면 다른 재화의 가격도 상승한다. 그러나 리카도의 생각처럼 화폐가 불변의 척도 역할을 하면, 임금이 상승하더라도 화폐를 포함한 모든 상품의 생산자들이 그 가격을 인상하려고 할 것이므로 관련 상품의 상대 가치는 변하지 않는다. 이처럼 리카도는 상품의 상대 가치가 상품 생산에 필요한 노동량의 영향을 받지, 임금의 변화에는 영향을 받지 않음을 증명하려고 했다.

그런데 리카도는 상품의 상대 가치가 상품에 투하된 노동 시간에 비례하지 않아서 노동 가치론을 수정해야 하는 경우가 있음을 인정한다. 그것은 다음의 세 경우이다. 첫째, 생산에 사용된 고정자본과 유동자본의 비율이 다를 경우, 둘째, 한 재화를 생산하는 데 걸리는 시간이 다를 경우, 셋째, 고정자본의 내구성이 다를 경우가 그것이다. 각 경우에 고정자본 비율이 높거나, 생산하는 데 시간이 많이 걸리거나, 내구성이 큰 상품이 상대적인 노동 시간에 비해 더 높은 상대 가치를 지닌다.[74] 각 경우에 자본에 대해 지불되는 이자(또는 리카도의 표현으로는 이윤)가 상대 가치를 더 크게 한다.

리카도가 든 예를 따라, 영농자가 5,000파운드를 갖고 100명의 노동자를 각각 50파운드씩에 고용하여 곡물을 재배하고, 직물 제조업자도 5,000파운드를 노동에 지출해 기계를 만든다고 가정해보자. 이윤율을 10퍼센트라고 하면 곡물과 기계는 똑같이 5,500파운드의 가치를 지닌다. 그런데 그다음 해에 영농자가 다시 5,000파운드를 지출해 곡물을 재배하는 반면, 제조업자는 5,000파운드를 노동에 지출하고 전년에 만든 기계를 사용해 직물을 만들게 한다고 하자. 이윤율이 여전히 10퍼센트라면, 곡물은 다시 5,500파운드의 가치를 지닐 것이지만, 직물의 가치는 5,000파운드의 노동 비용에, 5,000파운드의 노동에 대한 지출 즉 투자의 이윤 500파운드와 5,500파운드의 기계에 대한 투자의 이윤 550파운드를 추가해 6,050파운드의 가치를 지닐 것이다. 그러므로 비록 곡물과 직물 생산에 필요한 노동량은 동일하지만 곡물과 직물의 가치는 달라진다.

게다가, 이처럼 상품들 간에 생산의 자본 구성에 차이가 있으면, 임금이 변화할 때 각 상품의 생산에 필요한 노동량이 변하지 않아도 상대 가치가 변화한다. 가령 위의 예에서, 곡물과 직물을 생산하는 100명의 노동자에 대한 임금이 5,046파운드로 상승하고, 이윤은 9퍼센트 또는 454파운드로 하락한다고 가정해보자. 이 경우 곡물의 총 가치는 여전히 5,500파운드이다. 그러나 직물의 가치는 이제 6,050파운드에서 5,995파운드로 하락한다. 모직물을 만드는 100명의 노동자의 비용과 유동자본에 대한 9퍼센트의 이윤을 합하면 5,500파운드가 되고, 여기에 5,500파운드어치의 고정자본에 대한 9퍼센트의 이윤인 495파운드가 추가되어, 모직물의 가치가 5,995파운드가 되는 것이다. 이 예는 임금 상승과 이윤율 하락으로, 투하 노동량에 변화가 없음에도 불구하고 곡물의 상대 가치가 상승할 수 있음을 보여준다.

이처럼 임금 상승은 반드시 노동 집약적인 재화의 상대 가치를 상승시키고 자본 집약적인 재화의 상대 가치를 하락시키킨다는 정리―'리카도 효과'라고 한다―는 리카도에게 양날의 칼이었다. 이것은 한편으로, 그의 노동 가치론이 완전하지 못하다는 것을 의미했다. 리카도는, 임금의 변동으로 상품 가치의 변동이 일어날 수 있음을 인정하되, 그것이 부수적인 효과임을 주장하는 것으로 이 문제를 우회하려고 했다. 그는 임금의 변화가 상대 가격에 미칠 수 있는 영향은 6~7퍼센트에 지나지 않기 때문에, 결국은 노동 투입량이 가장 중요한 가치 결정 요인이라고 주장했다.[75] 리카도로서는 임금의 변동에도 불구하고, 상품의 상대 가치가 변동하지 않는다는 명제가 성립해야 곡물 가격 상승으로 인한 임금 상승의 결과로 이윤이 하락한다는 명제를 주장할 수 있었기 때문에, 이것은 불가피한 선택이었다. 그러나 다른 한편으로, 리카도 효과는 그가 애덤 스미스와 그 추종자들의 주장을 무너뜨릴 수 있는 강력한 무기가 되었다. 그는 리카도 효과를 증명함으로써, 임금 상승이 일률적으로 모든 상품의 가격 상승을 가져올 것이라고 본 "애덤 스미스와 그 추종자들"의 의견이 "근거가 없다"[76]고 단언할 수 있었던 것이다.

이 문제는 리카도의 불변의 가치척도 논의에도 영향을 주었다. 앞에서 리카도는 생산 조건이 변하지 않아서 다른 상품의 가치를 측정하는 기준이 되는 상품이 있다면, 상품들 간의 상대 가치의 변동이 있을 때 그 원인을 추적하기 쉬울 것이라고 주장한 바 있다. 그러나 리카도 효과를 인정하고 나면 그런 상품의 존재를 상정하기가 더욱 어려워진다. 왜냐하면 스스로의 가치가 변동하지 않는 상품을 찾기 어려울 뿐만 아니라, 그런 것이 있다고 하더라도, 사회 전체의 상품들 간에 자본 구조가 모두 같을 수 없다는 전제하에서는, 그것이 다른 모든 상품과 동일한 자본 구조에서 생산될 수 없기 때문이다.

리카도는 노동 가치론의 이런 난점들을 인정한 뒤, 가치론 뒤에 이어지는 분배 이론을 명쾌하게 하기 위해 가치론과 관련된 단순화 가정을 도입한다. "금으로 만든 화폐가 …… 불변이며 따라서 가격의 모든 변동은 내가 말하고 있는 그 상품의 가치의 변동 때문에 일어난 것이라고 가정할 것이다."[77] 그리고 "이 책의 나머지 부분에서 …… 상품의 상대 가치에서 일어나는 모든 큰 변동은 그것을 생산하는 데 그때그때 필요한 노동량의 많고 적음 때문에 일어난다고 간주할 것이다."[78]

(2) 분배 이론

리카도의 지대 이론은 이미 《이윤론》에서 완성된 것이었다. 지대는 등급이 다른 토지 간의 생산물의 차이, 또는 한 필지의 토지에 자본-노동 묶음을 순차적으로 투입할 때 각 자본-노동 묶음의 생산물의 차이이다. 임금은 기본적으로 고정되어 있다. 장기 임금, 또는 고전학파의 표현대로 할 때 '자연' 임금은 인구를 정체 상태에 있게 하는 데 필요한 가격인데, 임금 수준은 사람들의 습관과 관습에 좌우되며, 나라에 따라 다르고, 같은 나라라도 시대에 따라 다르다. 리카도가 자신의 이론을 예시하기 위해 제시한 표에서는, 노동자가 언제나 동일한 양의 곡물과 제조된 필수품을 구입할 수 있다는 의미에서 임금이 고정되어 있다. 토지에 더 많은 자본과 노동이 투입됨에 따라 곡물 생산비가 상승하게 되므로 곡물 가격도 상승한다. 따라서 노동자가 동일한 곡물 및 제조품을 구입할 수 있게 하기 위해서는 화폐 임금이 반드시 상승해야 한다.[79] 단기 임금은 자연 임금을 초과하거나 밑돌 수 있고, 그때는 맬서스적 인구 메커니즘이 작동해 인구를 늘리거나 줄여서 임금을 장기 임금 수준으로 되돌린다.

여기까지가 리카도의 지대 이론과 임금 이론이다. 이것을 토대로 이윤에 대해 정리할 수 있다. 경작되는 토지 중 가장 등급이 낮은 토지인 한계 토지marginal land에서는 지대가 0이므로, 거기서의 이윤은 총생산물에서 총 임금을 뺀 것과 같다. 그리고 경쟁을 통해, 다른 모든 부문에서의 이윤율은 한계 토지의 이윤율과 같아질 것이다. 이윤에 관한 리카도의 기본적인 결론—리카도의 '근본 정리'라고 부른다—은 '임금의 상승은 언제나 이윤을 낮출 것이다'라는 것이다. 임금 상승이 왜 가격을 올리지 않고 이윤을 낮추는가를 보기 위해 리카도가 내놓았던 수치 예를 살펴보자. 10명의 노동자와 그에 적합한 자본을 일정 등급의 토지에 투입한다고 생각해보자. 이 노동자들이 쿼터당 4파운드의 밀 180쿼터, 즉 720파운드 가치의 총생산물을 생산한다. 노동자 1인당 임금은 24파운드이고, 이것으로 노동자는 그의 생존 임금에 해당하는 3쿼터의 밀(12파운드어치)과 12파운드어치의 제조된 필수품을 구입한다. 10명의 노동자에 대한 총 임금액은 240파운드이고, 지대는 없으므로 이윤은 720파운드에서 총 임금액 240파운드를 뺀 것과 같다.

인구가 증가함에 따라 비옥도가 낮은 토지를 사용하지 않을 수 없게 된다. 여기서 노동자를 10명 추가해 생산량이 170쿼터에 불과한 토지를 경작하게 한다고 생각해보자. 밀을 생산하는 데 비용이 더 들어가므로 밀 가격은 상승한다. 첫째 등급의 토지는 지대를 징수한다. 노동자가 생존을 영위할 수 있으려면 화폐 임금이 상승해야 한다. 근본 정리에 따라, 이윤은 반드시 하락한다. 이것을 수치로 확인해보자. 217쪽의 표에 수치 예가 요약되어 있다.

이 표에서 주의할 점은, 노동 가치론에 따라 노동자 10명의 산출물의 가치는 일정하므로, 1등급 토지만 경작될 때 거기서 생산된 180쿼터의 가치나, 2등급 토지까지 경작될 때 거기서 생산된 170쿼터의 가치는 동일하다는 것이다. 생산물 총 가치 720파운드를 170쿼터로 나누면, 쿼터당 가격은

	1등급 토지	2등급 토지
1. 생산물 가치	180쿼터 ×4파운드 4실링 8펜스=762파운드 7실링 6펜스	170쿼터×4파운드 4실링 8펜스=720파운드
2. 임금률	(3쿼터×4파운드 4실링 8펜스) + 12파운드 =24파운드 14실링	
3. 총 임금액	247파운드	247파운드
4. 이윤	473파운드	473파운드
5. 지대	42파운드 7실링 6펜스	0

4파운드 4실링 8펜스가 된다. 새로운 밀 가격으로 계산한 임금률은 2행에 표시되어 있으며, 총 임금액은 3행에, 이윤은 4행에 표시되어 있다. 마지막으로 1등급 토지에 대한 지대는 5행에 표시되어 있다. 여기서, 생산자들의 경쟁에 의해 두 급지에서의 총 임금액과 이윤은 동일하다는 데 주의해야 한다.

이 표에서 알 수 있듯이, 임금이 상승한 결과 이윤은 감소했다(본래 480파운드였으나 이제 473파운드로 감소). 애덤 스미스도 (아마도 별로 자신 없는 말투로) 이와 유사한 말을 한 바 있다. "자본의 증가는 임금을 인상시키지만, 이윤을 낮추는 경향이 있다."[80] 그러나 리카도는 애덤 스미스의 이 명제를 거부했는데, 이는 스미스가 이윤 하락의 원인으로 식량 생산의 어려움의 증가를 언급하지 않았기 때문이다. 스미스는 그

대신에 이윤 하락의 원인을 자본 소유자들 사이의 경쟁의 격화에서 찾았다.

(3) 비교 우위 이론

애덤 스미스에 의하면, 한 나라는 다른 나라에 비해 절대적으로 더 싸게 생산할 수 있는 상품을 집중적으로 생산하는 것이 유리하다. 교과서에서는 이것을 절대 우위 이론이라고 부른다. 그런데 이미 18세기 초에 몇몇 학자들이 이 원리를 좀 더 확장해, 수출품과 교환해 국내 생산보다 낮은 비용으로 획득할 수 있는 재화를 수입하면 각국에 이익이 된다고 주장한 바 있다. 이것은 자유무역하에서는 모든 재화를 반드시 그것의 실질 생산 비용이 가장 낮은 나라가 생산할 필요는 없다는 것을 의미한다. 그러나 이 의미까지 깨달은 사람은 거의 없었다. 한 나라가 어떤 재화를 해외보다 국내에서 더 적은 비용으로 생산할 수 있다고 하더라도, 어떤 경우에는 그것을 해외에서 수입하는 것이 더 이득이 될 수도 있다. 리카도의 비교 우위 이론은 이러한 18세기의 원리를 엄밀하게 재정립한 것이라고 할 수 있다.

리카도는 영국과 포르투갈이라는 두 나라, 직물과 포도주라는 두 재화로 이루어진 아주 단순한 수치 예를 사용했다. 그리고 이를 통해, 포르투갈이 직물과 포도주를 모두 영국에 비해 싸게 생산할 수 있다 하더라도 영국이 직물에서 상대적인 비용 우위에 있다면 영국으로서는 직물을 특화하는 것이 이익이라는 것을 증명해 보였다. 또 포르투갈은 직물보다 포도주에서 비용 우위에 있으므로, 포르투갈이 포도주를 특화하면 두 나라 모두 더 많은 직물과 포도주를 소비할 수 있다. 즉 두 나라는 국제적인 노동 분업의 이익을 향수하게 되는 것이다. 이 이론을 비교 우위 이론 또는 비교 생산비 이론이라고 한다.

19세기에 발표된 모든 자유무역의 원리는 바로 리카도의 이 이론에 기초를 두고 있다. 해외로부터 수입된 곡물에 관세를 부과하도록 한 곡물법은 1846년이 되어서야 비로소 폐지되지만, 리카도의 이 이론은 자유무역을 영국 경제정책의 대중적 목표가 되게 하는 데 크게 기여했다. 결과적으로 리카도는 영국이 19세기에 실제로 채택한 장기 성장 전략—세계의 공장으로서 제조품을 수출하고 식량의 대부분을 수입하는 전략—에 대한 이론적 근거를 제공한 셈이었다.

리카도는 단순히 비교 생산비 이론을 제시하는 데 그치지 않고, 국제 임금과 물가 수준과 관련해 그것이 의미하는 바에 대해서도 분석했다. 리카도는 앞에서 본 가격-정화正貨 메커니즘에 비교 우위론을 접합했다. 만약 포르투갈이 포도주와 직물 모두에서 절대 우위에 있고 포도주의 우위가 상대적으로 더 크다면, 영국과의 포도주 무역은 포르투갈의 화폐 임금이 영국보다 높아야 가능해진다. 만약 금으로 표시한 임금률이 두 나라에서 동일하다면 포르투갈은 영국에서 직물을 수입하지 않을 것이다. 왜냐하면 포르투갈 소비자들로서는 국내 공급자에게서 직물을 구입하는 것이 더 저렴할 것이기 때문이다. 그 결과 영국은 포도주를 수입하기 위해 금을 포르투갈에 지불하지 않으면 안 된다. 그러면 포르투갈에 금이 유입되면서 임금과 물가가 상승하고, 어느 순간 포르투갈 사람들이 영국의 직물을 구입하는 것이 이득이 될 때가 온다. 이때 영국에서의 금 유출이 멈추게 된다. 그래서 일반적으로 저비용 국가에서는 화폐 임금이 상승하고, 동일 재화의 가격이 상승한다. 이것은, 관세가 없다면 각국의 수출과 수입을 일치시켜주고, 각국이 자국의 비교 우위 상품을 생산하지 않을 수 없도록 국가들 사이에 상대적 물가와 임금 수준을 조정해준다. 오늘날 세계의 모든 국가들은 금본위제도를 유지하고 있지 않지만, 리카도의 이론을 염두에 두고 보면 왜 임금 수준이 높은 나라도 국제무역에서 성공적으로 경쟁할 수 있는지를 이해할 수 있게 된다.

4. 리카도에 대한 평가

한 인간으로서 리카도는 유능하고 정력적인 사람이었다. 그는 자신이 선택한 일에 최선을 다해 몰두했다. 비교적 늦게 입문한 경제학에 대해서도 사업을 아예 접고 깊이 몰두했다. 그리하여 그는 당대의 경제 전문가들로부터 '최고'라는 찬사를 들었으며, 사후에도 경제학의 발전과 영국 사회의 발전에 깊은 영향을 미쳤다.

리카도의 경제학은 고전파적인 경제 의식에 깊은 인상을 남겼다. 그의 경제학은 마르크스 경제 이론의 기원일 뿐만 아니라 19세기와 20세기의 정통파 경제학에서 사용된 많은 개념들의 출발점이었다. 그런데 구체적으로 리카도의 여러 이론적 아이디어들이 언제까지 경제학계를 지배했는가에 대해서는 학자들마다 견해가 엇갈린다. 그 자신이 위대한 경제학자의 반열에 드는 슘페터Joseph Schumpeter는, 제임스 밀과 매컬럭John Ramsay McCulloch, 웨스트, 드 퀸시Thomas de Quincey 등만이 리카도파 학자들이었다고 생각하는 반면, 현대의 경제학사가인 홀랜더Samuel Hollander는 리카도의 비판자들조차 실제로는 그의 근본적인 아이디어들—임금·이윤 간 역관계 등—을 수용했다고 주장한다.

어쨌든 1870년대가 될 때까지 리카도 경제학은 고전파 경제학의 핵심으로서 계속 영향력을 발휘할 수 있었다. 여기에는 스스로 리카도의 이론을 계승했다고 선언한 두 위대한 경제학자의 역할이 있었다. 그중 한 명이 리카도의 후원자이던 제임스 밀의 아들 존 스튜어트 밀John Stuart Mill(1806~1873)이다. 그는 어릴 적에 리카도에게 경제학을 배운 바 있고,

1830년대에 리카도 경제학에 기반을 둔 경제학 에세이를 여러 편 저술했다. 1848년에 나온 그의 《정치경제학 원리*Principles of Political Economy*》는 리카도 경제학에 기반을 두면서 그 자신만의 사상을 체계화한 저술이었다.

리카도 경제학을 근거로 삼은 또 한 사람은 마르크스(1818~1883)였다. 마르크스는 리카도를 깊이 연구해 그의 노동 가치론을 자신의 이론의 일부로 받아들였다. 그러나 리카도가 '가치'라는 개념을 상품의 가격을 의미하는 것으로 사용한 반면, 마르크스는 가치를 가격의 배후에 있는 그 무엇으로 정의했다. 마르크스에게 가치는 상품을 생산하는 데 필요한 노동 시간 그 자체였다. 그렇다 하더라도 마르크스는 여전히 고전학파의 틀 안에 머물러 있었다고 할 수 있다.

그러나 1870년대가 되면서 경제학계 전체가 리카도 경제학, 나아가 고전파 경제학과 완전히 결별하게 된다. 이 당시 경제학계는 교환과 자원 배분에 대한 관심으로 연구 범위를 좁히고 이론적 도구를 엄밀화시켜, 고전파 경제학과는 다른 길을 걷기 시작한 것이다. 1870년 이후 대부분의 경제학자들은 리카도의 가치 이론에 기초한 이론 체계에 등을 돌리고, 리카도가 경제학을 잘못된 길로 인도했다는 제번스William Stanley Jevons의 견해에 동조하게 되었다. 그러다가 1890년대에 마셜이 새로운 경제 이론과 고전학파 경제 이론을 화합시켜 형식상 고전학파 경제학을 신고전학파 경제학이라는 이름으로 계승함으로써 리카도 경제 이론은 겨우 명맥을 유지할 수 있었다. 그러나 1920년대 말에 닥친 세계적인 대공황은 리카도 경제학에 결정타를 날린다. 대공황은 근본적으로 유효수요의 부족 때문에 발생한 것이었다. 이에 케인스는 리카도에 대해 주저 없이 가혹한 평가를 내렸다. 그는 "백 년이라는 기간 동안 리카도의 접근법이 완전하게 지배한 것은 경제학의 진보에 재앙이었다"[81]라고 말했다. 이것은 세Say의 소위 판로 법칙—공급은 스스로 수요를 창출하므로 완전고용이 항상 보장된다는 법칙—을 지지한 리카도의 영향력이 없었더라면, 경제학이 과거에 이미 실업이라는 거시 경제 문제에 대한 연구를 시작했을 것이라는 아쉬움의 표현이었다. 이로써 리카도의 시대는 완전히 끝난 것이었다.

그러나 리카도의 여러 개념들까지 '끝난' 것은 아니었다. 1890년대 즈음에, 몇몇 학자들이 리카도의 지대 이론이 분배 이론 일반의 특수한 경우를 나타내는 것임을 갑자기 깨닫게 되었다. 리카도는 등급이 가장 낮은 토지에 투입된 마지막 노동-자본 묶음 단위는 지대를 산출하지 않으며, 그 토지의 생산물은 임금과 이윤으로만 분배된다는 것을 증명한 바 있다. 윅스티드Philip H. Wicksteed, 빅셀Knut Wicksell, 클라크John B. Clark 등은 지대를 낳지 않는 한계 토지의 개념을 확장해, 토지를 가변요소라 가정하고 노동-자본 묶음을 고정요소라 가정하면, 거기에 투입된 마지막 토지는 임금과 이자를 낳지 않는 한계 단위라고 볼 수 있음을 밝혀냈다. 이러한 통찰에 기초해 한계생산력 분배 이론이 탄생했다. 이를 계기로 리카도에게는 한계 분석의 선구자라는 칭호가 하나 더 추가되었다.

20세기 후반, 리카도의 영향력이 지속되고 있음을 보여주는 또 다른 저술이 등장했다. 경제학자이자《리카도 저작 및 서한집》의 편자인 스라파Piero Sraffa(1898~1983)는 리카도의 사상에 기초해《상품에 의한 상품 생산Production of Commodities by means of Commodities》을 출간했다. 스라파 체계에서 상품은 노동과 여타 상품에 의해 생산된다. 가격은 기술 및 임금과 이윤 간의 소득분배에만 의존한다. 여기서는 임금과 이윤 중 하나가 주어진 변수이고 따라서 상대 가격과 다른 하나의 분배분을 결정할 수 있다. 이것은 모든 상품 및 요소 가격이 동시에 결정되는 신고전파의 일반 균형 모델과는 완전히 다르다. 스라파의 이론은 생산성이나 파생수요 같은 경제 변수가 아니라 권력관계(또는 계급투쟁)가 소득분배를 결정한다고 믿는 사람들에게 환영받았다. 스라파를 통해 리카도의 분배 이론이 신고전학파 분배 이론을 대체할 수 있는 패러다임으로 다시 주목받게 된 것이다. 이런 점에서 보면, 리카도의 시대는 끝났지만, 리카도의 사상은 현재 진행형이다.

경제사상사 속에서 리카도를 평가하자면, 고전파 경제학의 창시자인 애덤 스미스와 비교하는 것이 도움이 될 것이다. 엄밀한 이론가로서 리카도는 분명 애덤 스미스를 능가한다. 그러나 애덤 스미스의 《국부론》은 경제체제의 작동에 대한 일반화라는 점에서 리카도의 《원리》보다 많은 통찰을 담고 있다. 사실, 관점에 따라 다를 수 있겠지만, 마셜의 《경제학 원리Principles of Economics》를 제외하면 19세기에 저술된 어떤 책도 《국부론》을 능가하지 못한다고 해야 할 것이다.

만약 경제학의 과제가 경제성장과 발전에 있다면, 스미스가 리카도보다 많은 기여를 했다고 할 수 있다. 만약 경제학의 과제가 한정된 수단을 무한한 욕망에 배분하는 원리에 관한 것이라고 본다면, 여기서도 애덤 스미스가 리카도보다 경제학에 더 많은 공헌을 했다고 할 수 있다. 리카도가 자원 배분 문제에 구체적으로 관심을 기울인 것은 외국무역과 관련해서인데, 이 부분에서만큼은 그가 애덤 스미스보다 깊고 광범위한 이론을 제시했다.

그러나 만약 경제학이 구체적 결과들의 집합이 아니라 분석의 엔진이고, 사고의 방법이라면, 리카도는 문자 그대로 경제학의 테크닉을 발명해낸 사람이다. 그는 과감한 추상화의 재능으로 경제학사 전체에서 최고의 경제 모델을 만들어냈다. 리카도가 정식화한 비교 생산비 이론이나 그가 처음으로 길을 연 비교 정태 분석 방법은 아직 현대 경제학에서 그대로 사용된다. 그리고 그가 제기한 핵심적인 문제, 즉 토지, 노동, 자본의 상대적 분배분의 변화가 자본 축적률에 어떻게 영향을 미치는가 하는 문제는 여전히 현대 경제학자들의 관심사 중 하나이다.

이 책에 번역된 리카도의 《원리》 발췌 부분은 리카도 경제 사상의 정수를 담고 있다. 경제 내의 무수한 경제주체들을 오직 세 가지 계급으로 분류하고, 분배를 둘러싼 그들 사이의 갈등과 협력 관계를 몇 가지 법칙에 근거해 단순 명쾌한 논리로 풀어나가는 그의 접근 방법은 이론적 아이디어의 옳고 그름, 계급적 지향을 떠나서, 당대의 경제 발전에 대해 고민하는 사람들에게 소중한 교훈을 준다. '당대의 가장 시급한 경제적 과제를 자신의 시각으로 파악하고, 해결 방식을 모색하되, 그것을 사람들에게 잘 설득하기 위해 문제의 본질을 반영하는 단순화된 모델을 구축해 그 결론을 사람들에게 제시한다.' 이것이 바로 리카도의 방식이다. 이 책은 리카도가 그 과업을 어떻게 수행하고 있는지를 잘 보여준다. 오늘의 한국 경제가 안고 있는 핵심 과제는 무엇인지, 그 본질은 무엇인지 알고 싶다면, 그리고 그 해결 방법을 찾아내 사람들에게 알리고 싶다면, 리카도처럼 생각해보라고 말하고 싶다.

1 당시에는 학자들이 팸플릿 형태로 자신의 견해를 발표하는 일이 흔했다.

2 (옮긴이주) 맬서스(1766~1834)는 리카도와 동시대의 학자이자 목사로, 인구가 식량보다 빠르게 증가한다는 인구이론으로 유명하다. 리카도와는 절친한 친구 사이였지만, 곡물법 논쟁에서는 리카도와 정반대의 입장을 취해 학문적 논쟁을 벌였다.

3 (편집자주) 에드워드 웨스트Edward West를 말한다.

(옮긴이주) 에드워드 웨스트(1782~1828)는 영국 귀족 출신으로, 1807년에 옥스퍼드 대학 유니버시티 칼리지에서 문학 석사 학위를 받았고 1823년까지 그 대학의 연구원으로 있었다. 1814년에는 변호사가 되었다. 리카도, 맬서스와 함께 차액 지대설을 처음으로 제시한 사람이다.

4 Chap. xv, part I, 〈판로에 관하여Des Débouchés〉는 특히 몇 가지 매우 중요한 원리들을 담고 있다. 나는 이 탁월한 저자가 이것을 최초로 설명했다고 믿는다.

(편집자주) 이 주는 세의 *Traité d'économie politique*의 2판(1814)을 가리킨다. 〈판로에 관하여〉라는 장은 1803년의 초판에 이미 들어 있었다.

5　(편집자주)《국부론》1권, 4장. 이 문장에 이어 물과 다이아몬드를 비교하는 구절이 나온다.

　　(옮긴이주)《국부론》인용문의 번역은 김수행 역,《국부론》(동아출판사, 1992)을 참조했다.

6　《국부론》1권, 5장.

　　(편집자주) 그러나 사실은 5장과 6장이다.

7　(옮긴이주) 영어의 'command'를 번역한 말이다. 경제학계에서는 관례상 이 단어의 본래 뜻을 살려 '지배하다'라는 말로 번역하지만, 사실은 '구매하다'라는 뜻으로 이해하면 가장 쉽다.

8　(옮긴이주) 리카도가 투하된 노동량이 불변의 가치척도라고 하면서도 이렇게 약간 유보적인 태도를 취하는 것은, 뒤에서 보게 되듯이 투하된 노동량과 상품의 진정한 가치를 괴리시키는 요인들이 있기 때문이다.

9　difficulty의 번역어이다. 리카도는 상품 생산에 필요한 노동량이 증가하는 경우에 이 용어를 사용하며, 그 반대의 경우에 facility(편리성)라는 용어를 사용한다.

10　(옮긴이주) 현재 우리의 상식과 달리, 리카도가 시간이 흐를수록 식품과 필수품의 생산에 필요한 노동량이 많아진다는 예를 든 것은, 당시 영국에서 농토가 부족해 농업 생산을 늘리기 위해 이전보다 불리한 여건의 토지를 개간해 사용해야 했기 때문이다. 이 사실은 리카도의《원리》전반을 지배하는 현실적 여건이다.

11　(옮긴이주) 이것은, 필수품 생산에서 개량이 일어나 노동 투입량이 감소하면 필수품의 가치가 하락하므로 노동자가 주어진 임금으로 소비할 수 있는 필수품의 수량이 늘어나지만, 이것이 노동자 간의 경쟁과 인구 증가로 인한 노동 공급 증가를 유발해, 실질 임금, 즉 노동자가 소비할 수 있는 필수품의 수량이 이전과 비슷한 수준, 또

는 그보다 약간 높은 수준으로 다시 하락할 것이라는 논리이다.

12 (편집자주)《국부론》1권, 5장. 인용문에는 사소한 오류가 조금 포함되어 있으며, 다른 대부분의 경우와 마찬가지로 강조는 리카도의 것이다.

13 (편집자주)《국부론》1권, 6장.

14 (편집자주) 맬서스,《정치경제학 원리Principles of Political Economy》, 2장 7절.

15 (편집자주) 맬서스,《정치경제학 원리》, 2장 7절.

16 (옮긴이주) 1쿼터=8부셸. 1부셸은 약 36리터(2말).

17 (편집자주)《국부론》1권, 5장.

18 비록 노동이 모든 상품의 교환가치의 진정한 척도이지만, 일반적으로 상품의 가치는 노동에 의거해 평가되지 않는다. 두 개의 상이한 노동량 사이의 비율을 확정하는 것은 때때로 어렵다. 두 개의 상이한 종류의 작업에 소요된 시간만으로 이 비율을 결정할 수는 없을 것이다. 견뎌낸 고난의 정도와 발휘한 독창성의 정도도 동시에 고려되어야 한다. 두 시간의 쉬운 일보다는 한 시간의 힘든 일에 더욱 많은 노동이 있을 수 있고, 보통의 잘 알려진 직업에서 한 달 일하는 것보다는 배우는 데 10년의 노동이 드는 직업에서 한 시간 일하는 것에 더욱 많은 노동이 있을 수 있다. 그러나 고난이나 독창성에 관한 정확한 척도를 발견하는 것은 쉽지 않다. 실제로 상이한 종류의 노동 생산물을 교환할 때, 일반적으로 이 두 요소가 어느 정도 고려된다. 그러나 그것은 정확한 척도에 의해 조절되는 것이 아니라, 정밀하지는 않지만 일상생활의 사무를 수행하는 데는 충분한 대체적인 동등성에 따라 시장에서의 흥정을 통해 조절된다.《국부론》1권, 10장. (편집자주) 이 구절은 사실은 1권, 5장에 나온다. 그러나 1권 10장에는 이 주제에 대한 논의가 길게 들어 있다.

(옮긴이주) 이 구절은 김수행 역《국부론》, 37~38쪽에 나온다.

19 《국부론》1권, 10장.

20 (옮긴이주) 노동자들이 일하는 동안 임금으로 지불하기 위해 보유하는 자본을 말한다. 고전학파 경제학자들은 이것을 '임금 기금'이라고 불렀다.

21 이 구분은 본질적이지는 않으며, 정확한 경계선이 그어질 수가 없다.

22 (옮긴이주) "사람들에게 선불된 임금"이 바로 "기계공의 자재"에 해당한다.

23 여기서 우리는 왜 오래된 나라들은 기계를 사용하도록 끊임없이 요구받고 새로운 나라들은 노동을 사용하도록 요구받는지를 알게 된다. 사람을 부양하는 일이 어려워질수록 노동 가격이 반드시 오르고, 그럴 때마다 기계 사용에 대한 새로운 유혹이 생겨난다. 이러한 사람 부양의 어려움은 오래된 나라에서는 지속적으로 작용하며, 새로운 나라들에서는 노동 임금이 조금도 상승하지 않고도 인구가 아주 크게 증가할 수 있다. 일곱 번째, 여덟 번째, 아홉 번째 100만 명을 부양하는 일은 두 번째, 세 번째, 네 번째 100만 명을 부양하는 일만큼이나 쉬울 것이다.

24 맬서스 씨는 이 원리에 대해 이렇게 말한다. "우리는 실로 우리 임의대로 어떤 상품에 사용된 노동을 그 상품의 실질 가치라고 부를 수 있지만, 그렇게 하면 단어를 통상적으로 사용되는 의미와는 다르게 사용하는 것이 된다. 우리가 한때 비용과 가치 사이의 중요한 구별을 혼동함으로써 사실상 이 구별에 의존하는 부의 생산에 대한 주된 자극을 명쾌하게 설명하는 것이 거의 불가능해졌다."
맬서스 씨는 어떤 물품의 비용과 가치는 동일한 것이어야 한다는 것이 내 학설의 일부라고 생각하는 것 같다. 그가 말하는 비용이라는 것이 이윤을 포함하는 '생산비'라면 그렇다. 위의 구절에서는 이것이 그가 의미하는 바가 아니며, 따라서 그는 나를 명확하게 이해하지 못했다.

25 (옮긴이주) 리카도는 애초에 이 책의 저술에 착수할 때, '지대, 이윤, 임금의 원리'에 대해 쓰려고 했고, 실제 집필에서도 그 제목에 함축된 것 이상의 어떤 정밀한 구상도 하지 않고 자신의 생각의 순서에 따라 진행했다. 그런데 리카도가 "원리"를 제시하는 순서는 《국부론》에서 그 논제들이 다루어지는 순서와 대체로 일치한다. 단 한 가지 중요한 차이가 지대에 관한 것이다. 리카도는 자본가와 노동자 사이의 분배 문제를 단순화하기 위해 "지대를 제외할"(1820년 6월 13일 매컬로크에게 보낸 편지) 필요가 있었기 때문에, 스미스와는 달리 지대를 가치 바로 다음에, 그리고 임금과 이윤에 앞서 다룬 것이다.

26 우리가 이미 봤듯이 땅은 생산 능력이 있는 유일한 자연의 행위자가 아니지만, 그것은 한 무리의 사람들이 다른 사람들을 배제하고 자기 것으로 만들어서 결과적으로 그 혜택을 독차지할 수 있는 유일한, 또는 거의 유일한 자연의 행위자이다. 강과 바다의 물도 우리의 기계를 움직이고 배를 띄우며 물고기를 기르게 해주므로 생산 능력이 있다. 우리의 풍차를 돌려주는 바람, 심지어 태양의 열도 우리를 위해 일을 한다. 그러나 다행스럽게도 지금까지 아무도 '바람과 태양은 내 것이며 이들이 제공하는 서비스에 대해서 대가를 지불해야 한다'고 말할 수는 없었다." J. B. Say, *Traité d'économie politique*, vol. ii, 124쪽.

27 (옮긴이주) 농업자본가가 토지를 경작하는 노동자에게 농사일을 동안의 식량을 미리 제공하는 것을 '전대前貸'한다고 한다.

28 (옮긴이주) 리카도가 제시한 이 지대 이론을 애덤 스미스의 절대 지대론과 구별해 차액 지대론이라고 한다. 이 이론은 맬서스, 웨스트,

리카도가 비슷한 시기에 발견해 정식화했다.

29 세Say 씨는 다음 구절에서 가격을 궁극적으로 규제하는 것이 생산비임을 잊은 것이 아닐까? "토지에 고용된 노동의 생산물은 더 희소해진다고 해서 더 비싸지지 않는다는 특이한 속성이 있다. 왜냐하면 식량이 감소하면 언제나 인구도 감소하고, 따라서 이 생산물의 공급량이 감소함과 동시에 수요량도 감소하기 때문이다. 그뿐만 아니라 개간이 완료된 국가에서보다 미경작 토지가 많은 곳에서 곡물이 더 비싸다고 말할 수 없다. 영국과 프랑스는 중세 시대에 지금보다 훨씬 불완전하게 경작이 이루어졌으며 농산물의 생산도 훨씬 적었다. 그럼에도 불구하고 우리는 다른 물품의 가치와 비교할 때 곡물이 더 비싼 가격으로 팔리지 않았다고 판단할 수 있다. 생산물이 적었다고 하지만 인구도 적었다. 수요의 빈약함이 공급의 미약함을 상쇄해주었다." vol. ii, 338쪽. 세 씨는 상품의 가격이 노동의 가격에 의해 규제된다는 견해에 경도된 나머지, 모든 종류의 자선 기관들이 그것이 없는 경우에 비해 인구를 늘리고 따라서 임금을 낮추는 경향이 있다고 생각하고 다음과 같이 말한다. "나는 잉글랜드에서 오는 재화가 저렴한 것은 부분적으로 그 나라에 존재하는 수많은 자선 기관들 때문이라고 생각한다." vol. ii, 277쪽. 이것은 임금이 가격을 규제한다고 주장하는 사람이 보이는 일관된 견해이다.

30 (옮긴이주) 현재 경작되고 있는 토지 중 가장 열등한 토지.

31 맬서스의 *Inquiry into the Nature and Progress of Rent*(1815), 57쪽 참조.

32 애덤 스미스는 말한다. "농업에서도 자연이 인간과 함께 노동한다. 그리고 자연의 노동은 비용이 들지 않지만, 자연의 생산물은 가장 값비싼 노동자의 생산물과 마찬가지로 가치를 갖고 있다." 자연의 노동에 대해서 대가가 주어지지 않는 것은 자연이 많이 일하기 때

문이 아니라 적게 일하기 때문이다. 자연이 그 선물을 주는 데 인색해지는 만큼 자연은 자신의 일에 대한 가격을 더 많이 뽑아낸다. 자연이 혜택을 후하게 베푸는 데서는 자연은 언제나 무료로 일을 해준다. "농업에 사용되는 노동자와 가축은 제조업에 고용된 노동자처럼 그들 자신의 소비, 또는 그들을 고용하는 자본에 해당하는 가치를 소유자의 이윤과 함께 재생산할 뿐만 아니라, 그보다 더 큰 가치를 재생산한다. 왜냐하면 그들은 영농자의 자본과 이윤 외에 지주의 지대를 규칙적으로 재생산하기 때문이다. 이 지대는 지주가 영농자에게 대부한 자연력의 생산물로 간주될 수 있다. 지대는 토지의 힘, 또는 다른 말로 하면 토지의 자연적 또는 인공적 비옥도에 따라 커지거나 작아진다. 지대는 인간의 노동으로 간주될 수 있는 모든 것을 공제하거나 보상한 뒤에 남은 자연의 노동이다. 그것은 총생산물의 1/4보다 작은 경우는 거의 없고 종종 1/3이다. 제조업에 고용된 동일한 양의 생산적 노동은 결코 그렇게 크게 재생산할 수 없다. 거기에서는 자연은 아무 일도 하지 않고 인간이 모든 것을 한다. 따라서 재생산은 언제나 그것을 행하는 인간의 힘에 비례한다. 그러므로 농업에 투자된 자본은 제조업에 투자된 동일 규모의 자본보다 많은 양의 생산적 노동을 가동시킬 뿐만 아니라, 그것이 고용하는 생산적 노동량에 비해 훨씬 큰 가치를 그 나라의 토지와 노동의 연간 생산물, 즉 주민의 진정한 부와 수입에 부가한다. 자본이 사용되는 모든 방법 중에서 농업에 대한 투자가 사회에 가장 유리한 방식이다."《국부론》 2권, 5장, 15쪽. (편집자주 : 강조는 리카도의 것.)

자연은 제조업에서 인간에게 아무것도 해주지 않는가? 기계를 움직이고 항해를 도와주는 바람과 물의 힘은 아무것도 아닌가? 거대한 엔진을 가동시킬 수 있게 해주는 대기의 기압과 증기의 반발력 — 이것들은 자연의 선물이 아닌가? 금속을 유연하게 하고 용해하는 열의 효과나, 염색과 발효 과정에서의 대기의 분해 효과는 말할 것도 없다. 자연이 그 지원을 인간에게, 더구나 관대히 무상으로 제공해주지 않는다고 말할 수 있는 제조업은 없다.

내가 애덤 스미스에게서 인용한 문장에 대해 뷰캐넌Buchanan 씨는 다음과 같이 말한다. "나는 4권에 들어 있는 생산적 노동과 비생산적 노동에 대한 논의에서, 농업은 다른 어떤 종류의 산업에 비해서도 국가의 자재에 부가하는 것이 많지 않다는 것을 보여주기 위해 노력했다. 스미스 박사는 지대의 재생산이 사회에 아주 큰 도움을 준다는 것을 자세히 설명하면서도, 지대가 높은 가격의 결과이고, 지주가 이런 식으로 얻는 이득은 사회 대다수의 희생으로 얻어진다는 것을 생각지 못했다. 지대의 재생산으로 사회가 얻는 절대적 이득은 없다. 그것은 단지 한 계급이 다른 계급의 희생으로 이익을 얻는 것일 뿐이다. 자연이 경작 과정에서 인간과 협력하기 때문에 농업 생산물을 산출하고 그 결과로 지대가 발생한다는 관념은 단순한 환상에 불과하다. 지대가 나오는 것은 생산물에서가 아니라 그 생산물이 팔리는 가격에서이다. 그리고 이 가격은 자연이 생산에서 도움을 주기 때문이 아니라 그 가격이 바로 소비를 공급에 맞춰주기 때문에 얻어지는 것이다."

33 (옮긴이주) 비옥도가 가장 낮은 토지에서 생산된 곡물을 말한다.

34 나는 이 원리를 명확히 이해하는 것이 정치경제학에서 가장 중요하다고 믿는다.

35 나는 내 말이, 모든 종류의 농업의 개량이 지주에게 주는 영향의 중요성을 과소평가하는 것으로 이해되지 않기를 바란다— 농업 개량의 즉각적인 효과는 지대를 낮추는 것이지만, 그것은 인구를 크게 자극하고, 그와 동시에 더 적은 노동으로 더 메마른 토지를 경작할 수 있게 해주기 때문에, 궁극적으로 지주들에게 커다란 이익이 된

다. 그러나 [그에 앞서] 그것이 지주에게 명확하게 해가 되는 일정 기간이 경과함은 틀림없다.

36 이것을 분명히 하고, 곡물과 화폐 지대가 변동하는 정도를 보이기 위해, 다음과 같이 생각해보자. 10명의 노동이 일정 등급의 토지에서 밀 180쿼터를 수확하며, 그 가치가 쿼터당 4파운드로 총 720파운드가 된다고 하자. 그리고 추가되는 10명의 노동이 동일한 토지 아니면 다른 토지에서 170쿼터밖에 추가로 생산하지 못한다고 하자. [그러면] 밀은 4파운드에서 4파운드 4실링 8펜스로 상승할 것이다(옮긴이주 : 1파운드=20실링=240펜스). 왜냐하면 170:180=4파운드 : 4파운드 4실링 8펜스이기 때문이다. 즉 후자의 경우에는 170쿼터의 생산에 10명의 노동이 필요하고 전자의 경우에는 9.44명만이 필요하기 때문에, 상승은 9.44대 10, 즉 4파운드 대 4파운드 4실링 4펜스가 될 것이다. 만약 10명이 더 고용되고 그 수확이

160이면, 가격은 4파운드 10실링으로 상승할 것이다.

150이면, 가격은 4파운드 16실링으로 상승할 것이다.

140이면, 가격은 5파운드 2실링 10펜스로 상승할 것이다.

이제 곡물이 쿼터당 4파운드였을 때 180쿼터를 생산한 토지에 아무런 지대가 지불되지 않았다면, 170쿼터만이 수확될 수 있을 때 10쿼터의 가치가 지대로 지불될 것이고, 이것은 쿼터당 4파운드 4실링 8펜스의 가격으로 총 42파운드 7실링 6펜스가 될 것이다. [수확량과 지대의 관계는 다음과 같다.]

수확량 qrs.	지대 qrs.	쿼터당 가격	지대의 가치
160	20	4£. 10s.	90£.
150	30	4£. 16s.	144£.
140	40	5£. 2s. 10d.	205£. 13s. 4d.

〔이때〕 곡물 지대와 화폐 지대는 〔다음과 같은〕 비율로 증가할 것이다.

곡물 지대	화폐 지대
100	100
200	212
300	340
400	485

37 (옮긴이주) 애덤 스미스는 《국부론》 1편 10장에서 보수 또는 수익성의 차이를 불러오는 직업상의 특성을 다섯 가지로 구분한 바 있다. 그것은 직업의 유쾌함과 불쾌함, 직업 습득의 용이성과 비용의 다소, 취업의 지속성, 취업자에 대한 신뢰의 정도, 직업에서의 성공 가능성 등이다.

38 (옮긴이주) "임금의 자연율"은 자연 임금, 노동의 자연 가격과 같은 뜻으로 사용되며, "임금의 시장률"은 시장 임금, 노동의 시장 가격과 같은 뜻으로 사용된다.

39 한 나라에서 필수불가결한 집과 옷이 다른 나라에서는 전혀 필요 없을 수도 있다. 힌두스탄(옮긴이주 : 인도 북부 지역)의 노동자는 러시아에서라면 그를 죽음에서 지켜주기에도 불충분할 정도의 피복만을 자연 임금으로 받고도 더할 나위 없이 열심히 일을 계속할 것이다. 기후가 같은 나라에서조차, 상이한 생활 습관이 종종 노동의 자연 가격의 차이를, 자연적 원인이 초래한 것과 같은 정도로 크게 일으킬 것이다. R. Torrens, Esq., *An Essay on the External Corn Trade*, 68쪽. 이 주제 전체는 토런스 대령이 가장 잘 설명하고 있다.

40 (옮긴이주) 짐작할 수 있듯이 이 논의는 모두 철저한 금본위제를 전제로 하고 있다.

41 (옮긴이주) 구빈법Poor Laws은 영국에서 1601년에 처음 제정되었고, 19세기까지 영국 구빈 제도의 기초가 되었다. 이 법은 빈민 구제를 법적으로 확인하면서도 그 시행은 지방에 위임했기 때문에 실제로는 교구가 빈민 구제의 책임을 지게 되었다. 이 법과 관련된 법이 여러 차례 개정되어오다가 1796년에 스피넘랜드법Speenhamland Act으로 발전했다. 이 법은 빵의 가격을 기준으로 최저생활비를 책정하고, 빈민의 수입이 그에 미달할 경우 그 부족분을 교구가 부담하도록 규정했다. 이 법은 결과적으로 노동임금이 최저 생활수준 이하로 떨어질 수 있게 함으로써 구빈세를 부담하는 교구민의 희생으로 고용주의 임금 지출을 절감해주는 효과를 불러왔다. 그러나 이 제도는 노동자에게 노동 의욕을 상실케 하고 낭비와 태만에 대해 보수를 지급하는 것과 마찬가지라는 비판을 받았다.

42 뷰캐넌 씨의 다음 문장에 대해, 만약 그것이 일시적인 곤궁 상태에 대해 언급한 것이라면, 나는 거기까지는 동의한다. "노동자가 처한 상태의 커다란 악덕은, 식량이나 일의 부족에서 오는 빈곤이다. 그리고 모든 나라에서 노동자를 구제하기 위한 수많은 법률이 제정되었다. 그러나 사회적 상황 중에는 입법이 구제할 수 없는 곤궁이 있다. 그러므로 실현 불가능한 것을 의도함으로써 진실로 우리 능력의 범위 안에 있는 선善을 놓치지 않도록 그 한계를 아는 것이 유용하다." Buchanan, 61쪽.

(편집자주) Buchanan (ed.), *Wealth of Nations*, vol. IV *Observations*.

43 (편집자주) *Essay on Population*, 4th ed.(London, 1807), vol. II, bk. III, chs. V · VI.

44 1796년 이후 하원에서 이 주제에 대해 표명된 지식의 진보는, 구빈법

위원회의 지난 보고서와 그해의 피트Pitt 씨의 다음과 같은 소감을 대조해보면 드러날 수 있듯이, 다행히도 아주 작은 것이 아니었다.

그는 말했다. "자녀가 많은 경우의 구제를 불명예와 경멸의 근거로 삼지 말고 정의롭고 명예로운 일로 만듭시다. 이것은 대가족을 저주가 아닌 축복으로 만들 것입니다. 그리고 이것은 자신의 노동으로 자활할 수 있는 사람들과 많은 자녀로 국가를 부강케 한 이후에 부양을 위한 지원을 요구하는 사람들 사이에 적절한 구분선을 그을 것입니다." *Hansard's Parliamentary History*, vol. 32, 710쪽.

45 (편집자주) 커윈Curwin의 구빈법에 관한 1817년 2월 21일의 연설을 참조하라. Hansard, XXXV, 520~521쪽.

46 독자는, 내가 주제를 좀 더 명확히 하기 위해 화폐의 가치가 불변한다고 간주하며, 따라서 모든 가격 변동은 상품 가치의 변동에서 기인하는 것이라고 간주한다는 점을 염두에 두기 바란다.

47 (편집자주) 1~2판에는 '질質'이라고 되어 있는데, 이것이 더 적절한 것 같다.

48 앞의 82쪽.
(옮긴이주) 이 책에서는 235쪽 주 36.

49 독자도 알다시피, 우리는 흉작이나 풍작, 또는 인구의 상태에 영향을 주는 갑작스러운 효과로 인한 수요의 증가나 감소에서 오는 우연적 변동을 고려하지 않는다. 우리는 우연적 및 가변적 곡물 가격이 아니고 자연적 및 항구적 곡물 가격에 대해 말하고 있다.

50 180쿼터의 곡물은 위에서 말한 곡물 가치의 변동에 따라 다음과 같이 밀로 표시한 비율로 지주, 영농자, 노동자들 사이에 분배될 것이다.

쿼터당 가격			곡물 지대	곡물 이윤	곡물 임금	계
£.	s.	d.	qrs.	qrs.	qrs.	qrs.
4	0	0	없음	120	60	180
4	4	8	10	111.7	58.3	180
4	10	0	20	103.4	56.6	180
4	16	0	30	95	55	180
5	2	10	40	86.7	53.3	180

그리고 동일한 여건에서 화폐 지대, 임금, 이윤은 다음과 같을 것
이다.

쿼터당 가격			지대			이윤			임금			계		
£.	s.	d.	£.	s.	d.	£.	s.	d.	£.	s.	d.	£.	s.	d.
4	0	0	없음			480	0	0	240	0	0	720	0	0
4	4	8	42	7	6	473	0	0	247	0	0	762	7	6
4	10	4	90	0	0	465	0	0	255	0	0	810	0	0
4	16	4	144	0	0	456	0	0	264	0	0	864	0	0
5	2	10	205	13	4	445	15	0	274	0	0	925	13	4

51 (옮긴이주) 이 내용은 원문에서 리카도식 표로 정리되어 있으나, 표
    가 난해하므로 본문에서는 그것을 서술형으로 풀었다. 이 내용을 표
    로 요약하면 다음과 같다.

	수량 qrs.	쿼터당 가격 £.	가치 £.
총생산	180	20	3600
지대	144	20	2880
임금*	36	20	720
이윤	0	20	0

* 1인당 임금 72£. 가운데 60£.는 곡물에 소비하고 12£.는 여타 상품에 소비한다
  고 가정함

52 (옮긴이주) "생산적" 축적, "생산적" 사용이란 '이윤을 남기는 자본
    투자'를 의미한다.

53 《국부론》1권, 9장 참조.

54 그렇다면, 기계와 숙련에서 매우 큰 우위에 있고, 따라서 인접국보
    다 훨씬 적은 노동으로 상품들을 제조할 수 있는 어떤 나라가 곡물
    수입 상대국보다 토지가 더 비옥하고 더 적은 노동으로 곡물을 재배
    할 수 있다 하더라도, 그런 상품들과 교환해 자국에 필요한 곡물의
    일부를 수입할 수 있음이 분명할 것이다. 두 사람 모두가 신발과 모
    자를 만들 수 있는데, 한 사람이 두 부문 모두에서 다른 사람보다 우
    월하지만, 모자를 만드는 데는 그의 경쟁자보다 ⅕, 즉 20퍼센트만
    큼 능가하고, 신발을 만드는 데는 경쟁자보다 ⅓, 즉 33퍼센트만큼
    능가한다고 하자―우월한 사람이 신발을 만드는 데 전적으로 종사
    하고 열등한 사람이 모자를 만드는 데 종사하는 것이 둘 모두의 이
    익에 부합되지 않는가?

55 (옮긴이주) 금, 은 같은 금속화폐를 말한다.

56 (옮긴이주) 페니웨이트pennyweight(dwt)는 1/20온스이며, 1페니웨이트는 24그레인이다. 1그레인은 0.0648그램과 같다.

57 한 나라의 모든 생산물은 소비하기 마련이지만, 그것을 또 다른 가치를 재생산하는 사람들이 소비하느냐 아니면 또 다른 가치를 재생산하지 않는 사람들이 소비하느냐 하는 것은 상상할 수 있는 가장 큰 차이가 있다는 것을 반드시 이해해야 한다. 소득이 저축되어 자본에 추가된다고 말할 때, 그것은 비생산적 노동자가 아닌 생산적 노동자가, 자본에 추가된다는 소득의 그 부분을 소비한다는 것을 의미한다. 자본이 비非소비를 통해 늘어난다고 상정하는 것만큼 큰 오류는 없다. 만약 노동의 가격이 너무 높아서 자본의 증가에도 불구하고 더 이상 투입될 수 없다면, 그렇게 증가된 자본이 비생산적으로 소비될 것이라고 여전히 말해야 한다.
(편집자주)《국부론》2권, 3장, 320쪽 참조.

58 (편집자주)《국부론》5권, 2장, 제1항과 제2항의 부록.

59 *Traité d'économie politique*, 2nd ed.,(1814), vol. II, 312쪽.

60 W. C. Mitchell, *Lecture Notes on Types of Economic Theory*(New York, 1949), 132쪽. D. V. Ramana, "Ricardo's Environment", *Indian Journal of Economics*, vol. 38(149)(October 1957), 197쪽에서 재인용.

61 그가 획득한 선거구는 아일랜드의 포털링턴이라는 부패 선거구였고, 그는 그 대가로 포털링턴 경Lord Portalington에게 4,000파운드를 지불하고 또 담보부로 12만 5,000파운드를 대부했다. 당시 영국에서는 이러한 거래가 일반적인 관행이었다.

62 David Ricardo, "Preface", *On the Principles of Political Economy and Taxation*(Cambridge : the University Press, 1962).

63 이것은 중상주의 시대에 토머스 먼Thomas Mun이 처음 제시하고 캉 티용Richard Cantillon과 흄David Hume이 완성한 것으로, 금본위제하 에서는 금 보유량에 따른 물가의 조절에 따라 무역 국가들 간에 정 화正貨(금)가 자동적으로 배분되고 무역 수지가 자동적으로 균형에 이른다는 이론이다. 만약 어느 나라에 금이 많아지면 이것이 통화 량을 늘려 물가를 인상시키며, 그 결과 수출보다 수입이 많아짐으 로써 무역 수지 적자가 발생하고, 이것은 금의 유출로 지불된다. 그 러면 금 보유량이 감소하고 수출과 수입이 다시 균형을 이룬다.

64 이것은 경제학자가 경제 '법칙'에 대해 언급한 최초의 사례라고 추 정된다.

65 리카도와 같은 견해를 견지한 학자는 손턴Henry Thornton, 호너, 맬 서스 등이었다.

66 David Ricardo, "Practical Observations on the Report of the Bullion Committee", Piero Sraffa (ed.), *Pamphlets and Papers 1809~1811, The Works and Correspondence of David Ricardo*, vol III(Cambridge : the University Press, 1962), 47~127쪽. 이하 vol. III of Works.

67 *Reply to Mr. Bosanquet's Practical Observations on the Report of the Bullion Committee*, vol. III of Works, 155~256쪽.

68 Vol. III of Works, 181쪽.

69 G. D. H. Cole · R. Postgate, *Common People*, 1746~1938 (London : London Mathuen & Co. Ltd., 1938), 139쪽. D. V. Ramana, "Ricardo's Environment", *Indian Journal of Economics*, vol. 38(149), 151~164 쪽에서 재인용.

70 Piero Sraffa (ed.), *Pamplhets and Papers 1815~1823, The Works and Correspondence of David Ricardo*, vol. IV(Cambridge : the University Press, 1962), 19쪽.

71 Piero Sraffa(ed.), *On the Principles of Political Economy and Taxation, The Works and Correspondence of David Ricardo*, vol. I(Cambridge : the University Press, 1970), 27~28쪽. 이하 *Principles*.

72 Adam Smith, *An Inquiry into the Nature and Causes of Wealth of Nations*(1776). 김수행 역,《국부론》(동아출판사, 1992), 57쪽.

73 *Principles*, 20쪽.

74 이 세 경우는 사실상 현재 노동과 과거 노동의 비율의 상이, 또는 노동 투입의 시간적 연속성의 상이라는 한 가지 요인으로 환원할 수 있다.

75 스티글러는 리카도 이론의 이런 말에 빗대어 그의 노동 가치론을 "93퍼센트 노동 가치론"이라고 부르기도 했다. George J. Stigler, "Ricardo and the 93 per cent labor theory of value", *American Economic Review*, vol. 48(June 1958), 357~367쪽.

76 *Principles*, 46쪽.

77 *Principles*, 46쪽.

78 *Principles*, 36~37쪽.

79 리카도는 곡물 및 제조품 구성이 고정되어 있으며, 노동자가 비싸진 곡물 대신 다른 재화의 소비를 늘린다는 가능성을 전혀 고려하지 않았다. 오늘날의 경제학 이론에서는 그러한 대체가 당연한 것으로 인정된다.

80 김수행 역,《국부론》, 94쪽.

81 John M. Keynes, "Robert Malthus : The first of the Cambridge economists", *Essay and Sketches in Biography*(New York : Maridian, 1933), 11~38쪽.

더 읽어야 할 자료들

리카도의 경제학 체계는 고전학파 경제학의 한계 안에 머물러 있기 때문에 그것 자체를 연구 대상이나 소재로 한 자료는 국내에서 발견하기 어렵다. 여기서는 경제사상사 속에서 리카도와 관련 있는 저자들의 저술, 리카도를 포함한 전체 경제학사를 개관할 수 있는 저술, 리카도의 주된 관심사이던 소득분배 이론 및 현실과 관련 있는 저술 및 기타 관련 자료들을 소개한다.

애덤 스미스, 《국부론》, 김수행 옮김(동아출판사, 1992)
최초의 체계적 경제학 저술이다. 스미스는 자본주의 체제에 대한 통찰을 바탕으로 이전까지의 단편적 경제 지식을 체계화하고 자신이 창안한 개념과 아이디어를 더해 이 위대한 책을 완성했다. 리카도는 1799년에 이 책을 처음 읽고 경제학에 입문했다.

로버트 토머스 맬서스, 《인구론》, 이극찬 옮김(을유문화사, 1992)
'인구법칙'—인구는 기하급수적으로 증가하고 식량 생산은 산술급수적으로 증가한다—으로 유명한 맬서스의 저술이다. 맬서스는 인구는 기하급수적으로 증가하는 내재적 경향을 띠지만 식량 공급의 한계 때문에 제한된다고 주장했다. 리카도의 경제학 체계에서 맬서스의 인구이론은 중요한 역할을 했으며, 맬서스는 리카도의 논적으로서 끊임없는 지적 자극을 제공했다.

카를 마르크스, 《자본론 I, II, III》, 김수행 옮김(비봉출판사, 2015)
인간의 본성, 사회의 본성, 사회와 개인의 관계, 사회·역사적 과정의 본성에 대한 실증론적·인식론적 개념을 포함하는 마르크스 사상 체계 중 자본주의 분석에 해당하는 책이다. 마르크스는 리카도의 가치론 및 이윤론에 크게 영향받았다. 어떤 점에서 마르크스의 이론은 그것의 확장 내지 정교화라 볼 수 있지만, 마르크스는 리카도를 포함한 고전학파 경제학자들에게는 역사적 통찰력이 부족하다고 그들을 신랄하게 비판했다.

유시민, 《부자의 경제학 빈민의 경제학》(푸른나무, 1992)
부자의 경제학을 대변하는 경제학자들과 빈민의 경제학을 대변하는 경제학자들을 간추려 당대의 경제 상황과 사회 상태, 당대의 이슈에 대한 그들의 견해 등을 소개한 책이다. 주류는 물론이고 비주류의 경제사상까지 쉽게 접근할 수 있게 해준다.

토드 부크홀츠, 《죽은 경제학자의 살아 있는 아이디어》, 이승환 옮김(김영사, 1994)
애덤 스미스부터 현대의 합리적 기대 이론까지, 주요한 경제사상을 소개한 책이다. 현대의 경제 상황과 엮어서 과거 학자들의 이론을 소개해 경제사상에 쉽게 입문할 수 있게 해준다.

E. K. 헌트, 마크 라우첸하이저, 《E. K. 헌트의 경제사상사》, 홍기빈 옮김(시대의 창, 2015)
비판적 정치경제학의 입장에서 중상주의 경제사상에서부터 현대의 신고전학파 이론까지 체계적으로 분석한 책이다. 마르크스는 물론이고 베

블런, 홉슨, 스라파 등 비주류 경제학자들의 사상도 상세히 소개했다. 경제사상사적으로 생산의 사회적 측면을 강조하는 학파와 소비의 개인적 측면을 강조하는 학파로 크게 나눈 점, 경제사상과 경제 이론의 상호작용을 잘 설명하고 있다는 점, 2008년 이후 세계경제의 위기에 대해 경제학이 무력한 이유를 사상적 관점에서 이해할 수 있다는 점이 이 책의 장점이다. 이 책은 김양화, 김성구의 번역으로 1982년에 한국에 처음 소개되었고(풀빛), 2011년에 출간된 개정 3판을 새로 번역하여 2015년에 출판한 것이다.

로저 백하우스, 《지성의 흐름으로 본 경제학의 역사》, 김현구 옮김(시아출판사, 2005)
고대부터 현대까지 아주 포괄적으로 경제사상을 다룬 책이다. 이 책에서는 위대한 경제학자 같은 개인보다는 특정한 경제사상 흐름의 출현 배경이 된 집단이나 상황이 강조된다. 20세기의 경제학이 책의 절반을 차지한다는 점이 특이하다. 따라서 오늘날의 경제학 분화에 대해서도 잘 소개했다.

브루스 액커만 외, 《분배의 재구성》, 김영미 외 옮김(나눔의 집, 2010)
소득분배에 관한 최근의 논의가 어디까지 진전되고 있는지를 보여주는 책이다. 이 책은 분배 제도의 재설계를 위해 '보편적 기본 소득'과 '사회적 지분 급여'를 제안한다. 전자는 모든 시민이 빈곤선 이상의 생활수준을 유지할 수 있도록 충분히 많은 현금 급여를 매달 지급하는 것이고, 후자는 성인이 된 시점에 모든 시민들이 유의미한 부를 소유할 수 있도록 충분히 큰 일시금을 1회 지급하는 것이다. 이 책은 이 두 제도에 대한 찬반론을 소개한다.

토마 피케티, 《21세기 자본》, 장경덕 옮김(글항아리, 2014)

18세기 이후 부와 소득의 분배가 어떻게 변해왔는지, 1970년대 이후 급격히 불평등해진 소득분배의 원인을 탐구한 책이다. 피케티는 자본 수익률이 경제성장률보다 높을 때 소득 불평등이 커진다고 밝힌다. 피케티는 전세계적 현상이 된 소득 불평등을 완화하기 위해 최고 소득에 대해 현 수준보다 높은 세율로 과세하고 누진적인 글로벌 자본세를 부과할 것을 제안한다. 피케티의 이 책은 수많은 통계자료를 동원해서 자신의 논지를 증명하려고 하며, 대중이 이해할 수 있는 몇 개의 개념으로 현재와 미래에 대한 평가와 전망을 제시한다는 점에서 애덤 스미스나 리카도와 같은 고전학파 경제학자들의 학문 전통을 잇고 있다고 할 수 있다.

장하성, 《왜 분노해야 하는가》(헤이북스, 2015)

저자는 국내외의 자료들을 근거로 해서 한국이 21세기 들어 세계에서 가장 부와 소득분배의 불평등이 심해진 나라가 된 이유를 밝히고자 했다. 저자에 따르면 한국은 재산 불평등보다는 소득 불평등이 더 크며, 소득 불평등이 임금과 고용의 불평등 때문이라고 주장한다. 그리고 이것은 기업의 '원천적 분배'가 제대로 작동하지 않았기 때문임을 밝힌다. 저자는 재벌 대기업의 개혁, 청년의 개혁에 대한 관심이 불평등 해소의 장기적 해결 방법이라고 말한다.

옮긴이에 대하여

권기철 chulk@pufs.ac.kr

부산대학교에서 박사 학위를 받았고, 지금까지 부산에서만 배우고 살았다. 군 복무 때(1984)와 미국 위스콘신대학교 동아시아연구소 객원연구원(2000)으로 있을 때 비교적 장기간 부산을 떠나 있었다. 석사와 박사 논문을 리카도와 관련된 주제로 썼다. 대학원에 재학하던 시절에는 경제학 초심자들의 전반적인 기류상 기존의 주류 경제학에 대한 대안으로서 비신고전파 경제 이론에 관심 있는 사람들이 많았는데, 그는 분배 이론에서 그 뿌리를 찾아가다 리카도를 만났다.

1990년에 부산외국어대학교의 경제학과 교수가 되었다. 교수로 임용된 이후 리카도 외에 하이에크, 케인스, 애덤 스미스에게로 시야를 넓혔다. 리카도와 케인스, 애덤 스미스는 충분히 매력 있는 주제라 꾸준한 연구 대상이 되고 있다.

경제학사 외에 몰두하는 분야는 인도를 포함한 해외 지역 경제와 부산 지역 경제이다. 전자는 그가 재직하는 학교의 특성상 관심을 기울이게 된 분야이고, 후자는 그를 낳고 길러준 고장에 대한 부채 의식 때문에 관심을 기울이게 된 분야이다. 부산 지역의 일자리 문제에 대해 학술적, 실무적으로 많은 시간을 쏟고 있다. 지은 책으로 《동아시아에서 부산의 미래를 찾는다》, 《인도의 경제발전—개혁·지역·이주》, 옮긴 책으로는 《지역경제이론과 정책》이 있으며, 그 외 다수의 논문이 있다.

정치경제학과 과세의 원리에 대하여

초판 1쇄 발행 2010년 5월 25일
개정 1판 1쇄 발행 2019년 2월 20일
개정 1판 4쇄 발행 2025년 11월 10일

지은이 데이비드 리카도
옮긴이 권기철

펴낸이 김준성
펴낸곳 책세상
등록 1975년 5월 21일 제2017-000226호
주소 서울시 마포구 월드컵로23길 38, 2층(04011)
전화 02-704-1250(영업) 02-3273-1334(편집)
팩스 02-719-1258
이메일 editor@chaeksesang.com
광고제휴 문의 creator@chaeksesang.com
홈페이지 chaeksesang.com
페이스북 /chaeksesang   **트위터** @chaeksesang
인스타그램 @chaeksesang   **네이버포스트** bkworldpub

ISBN 979-11-5931-329-5 (04320)
     979-11-5931-221-2 (세트)